岩 波 文 庫
33-344-1

# ブータンの瘋狂聖 ドゥクパ・クンレー伝

ゲンデュン・リンチェン編
今 枝 由 郎 訳



岩 波 書 店

Dge 'dun rin chen

# 'GRO BA'I MGON PO CHOS RJE KUN DGA' LEGS PA'I RNAM THAR RGYA MTSHO'I SNYING PO MTHONG BA DON LDAN

# 序

ブータン第六十九代ジェ・ケンポ（大僧正）が編纂した瘋狂聖《ふうきょうひじり》ドゥクパ・クンレー伝の今枝由郎博士による日本語訳を日本の読者に紹介するのは私にとって大きな喜びです。

ドゥクパ・クンレーはブータンの偉大な仏教僧です。彼は民衆から非常に慕われる密教行者で、修行により自己を解放し、世俗の苦しみを超えた涅槃《ねはん》という崇高な境地に達する深奥な道を見出しました。

プナカの谷にあるチメ・ラカン堂は彼を祀《まつ》るもので、彼の弓と矢、豊饒の象徴である燃え盛る金剛が開陳されています。多くのブータン人と同じく、私は子供と孫を連れて、毎年このお堂にお参りし、彼のご加護を祈ります。

ブータンの聖者ドゥクパ・クンレーの智慧を親愛なる日本の読者にもたらす労をとってくださった今枝由郎博士に祝意を表します。

タシデレ（吉祥あれかし）

二〇一七年五月二十一日　タシチョ・ゾン（ブータン中央政庁）にて

ドルジェ・ワンモ・ワンチュック

ブータン王国皇太后（第四代国王王妃）

# 凡　例

一　章分けはおおむね原著に従ったが、章題は訳者が適宜に付けた。
二　段落分けもおおむね原著に従ったが、題は訳者が適宜に付けた。
三　原著には注はなく、本書の注は、すべて訳者による訳注である。
四　訳者による本文中の短い補遺、説明などは〔　〕の中に入れた。
五　チベット・ブータン仏教に関しては、日本仏教の枠には収まらず、その知識では理解できない事柄が多い。しかし、教義的な細部には立ち入らず、必要最小限の平易な説明にとどめ、できるだけ分かりやすい翻訳を心がけた。
六　本書には、ブータン各地の峠、地域、村落などの名前が数多く出てくるが、その同定は比較的よく知られているものに限った。
七　本文中に、今日からすると不適切な表現があるが、原文の歴史性を考慮してそのままとした。
八　注の中の写真三葉は撮影＝高橋洋氏。記して謝意を表します。

# 目次

ブータン全図
チベット自治区（中国）
県庁所在地
主要地
寺院
ゾン
主要道路
峠
モンラ・カルチュン峠
クジェ・ラカン
ジャンペ・ラカン
サ
ジャカル
ト・ラ峠
キキ・ラ峠
トゥムシン・ラ峠
シェムガン
ルンツィ
タシ・ヤンツェ
タシガン
モンガル
ペマ・ガツェル
サムドゥプ・ジョンカ
インド
0
25
50
75
100 km

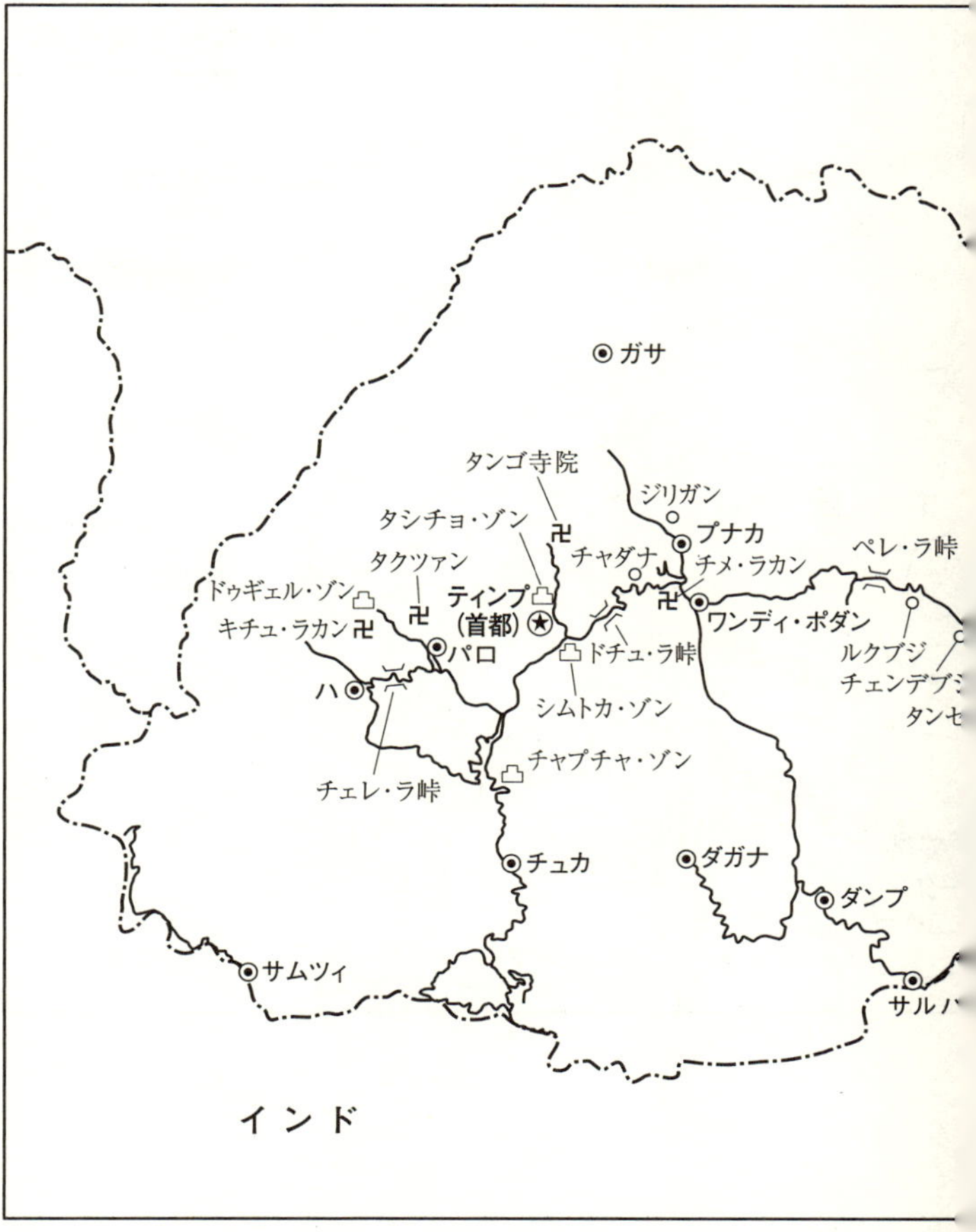
ガサ
タンゴ寺院
ジリガン
タシチョ・ゾン
プナカ
チャダナ
タクツァン
チメ・ラカン
ペレ・ラ峠
ドゥギェル・ゾン
ティンプ
(首都)
ワンディ・ポダン
キチュ・ラカン
パロ
ドチュ・ラ峠
ルクブジ
ハ
シムトカ・ゾン
チャプチャ・ゾン
チェレ・ラ峠
チュカ
ダガナ
ダンプ
サムツィ
インド

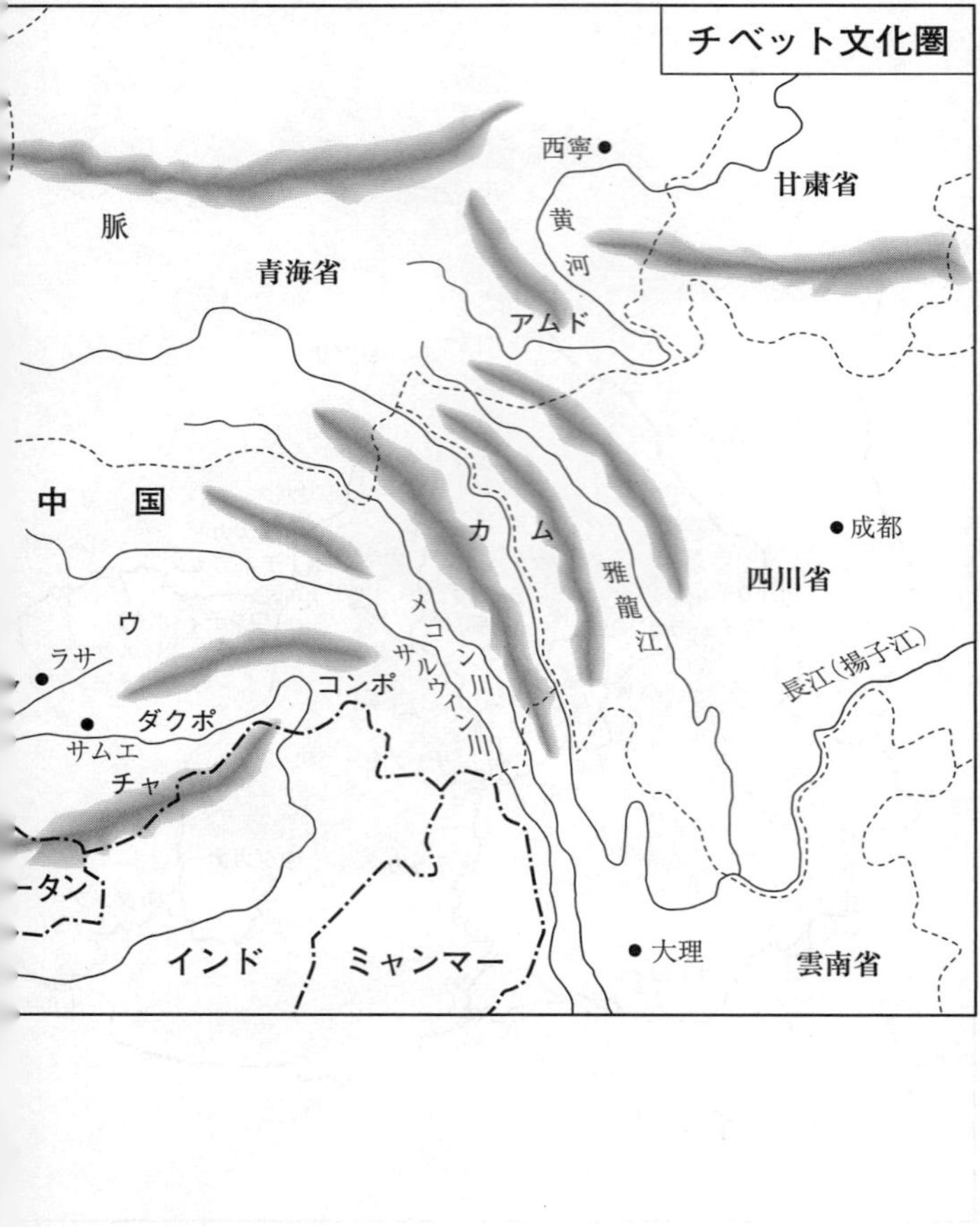
チベット文化圏
西寧
甘粛省
脈
黄河
青海省
アムド
中国
カム
成都
雅龍江
四川省
ウ
メコン川
サルウィン川
ラサ
長江(揚子江)
コンポ
ダクポ
サムエ
チャ
ータン
インド
ミャンマー
大理
雲南省

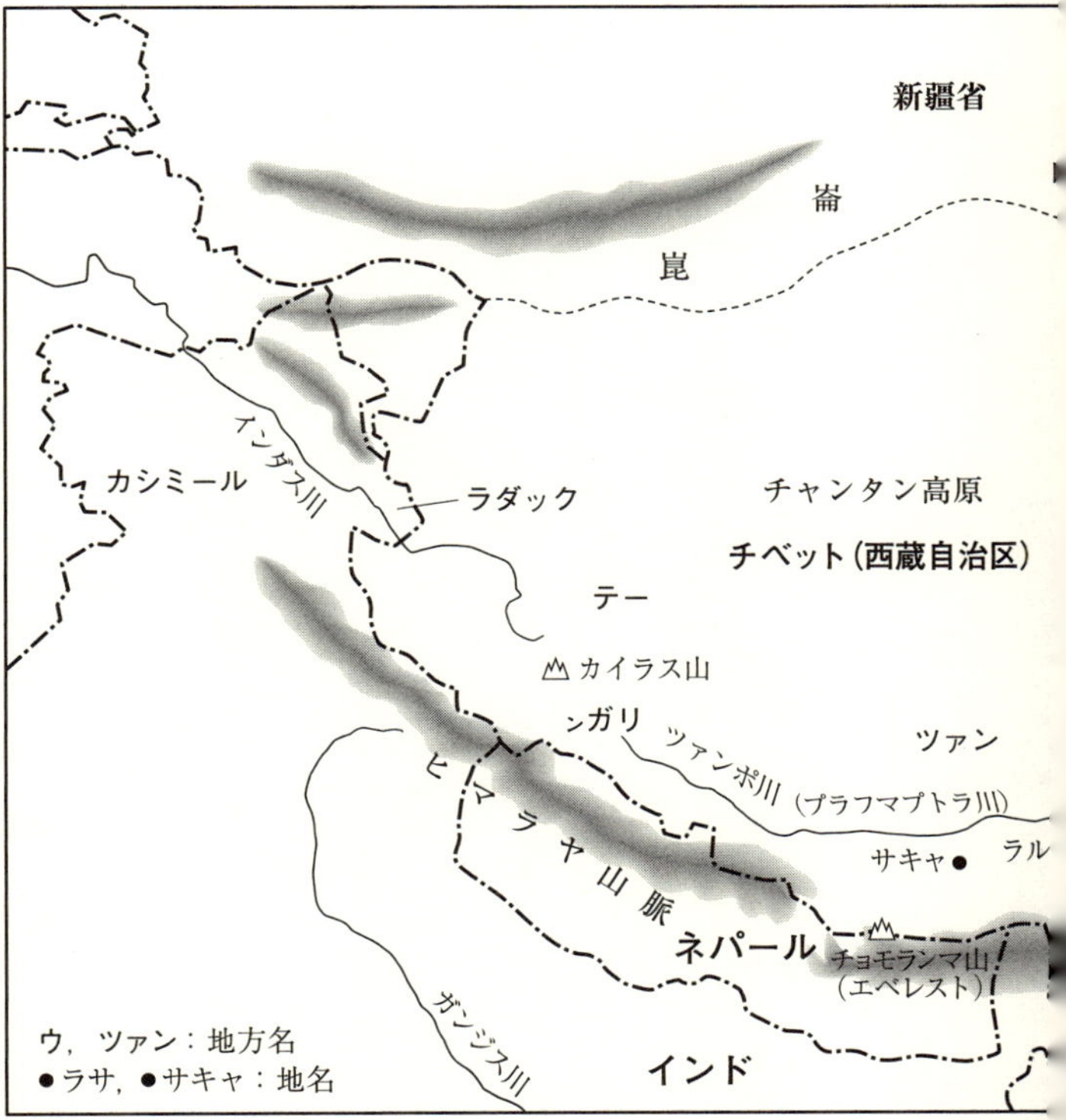
新疆省
崑
崙
カシミール
インダス川
ラダック
チャンタン高原
チベット(西蔵自治区)
テー
カイラス山
ンガリ
ツァンポ川 (ブラフマプトラ川)
ツァン
ヒマラヤ山脈
サキャ
ラル
ネパール
チョモランマ山
(エベレスト)
ガンジス川
インド
ウ，ツァン：地方名
●ラサ，●サキャ：地名

# ブータンの瘋狂聖　ドゥクパ・クンレー伝

# 口上

## 一　はじめに

師に帰依《きえ》したてまつります。
障碍《しょうげ》を取り除くために、弓と矢①を持ち
誤った見解と執着《しゅうじゃく》を打ち破るために猟犬②を連れ
慈愛と慈悲と寛容の盾③を携えた
クンガ・レクパ④の御足《みあし》に礼拝《らいはい》します。

師自身が
「秘義を言いふらしてしまったなら、私は懺悔《さんげ》します。

くだらない話なら、みなさまお楽しみなされ」
とおっしゃっていますが、私がこれから物語ることもその通りです。

## 二　要点

これからお話しすることの要点はといえば

かつて、聖なる国インドに「偉大な弓使い⑤」と「偉大な狩り人⑥」と呼ばれる二人の成就者《じょうじゅしゃ》がいました。この物語の主人公は、その二人の生まれ変わりの偉大なヨガ行者で、お名前はクンガ・レクペー・ペルサンポと申します。その本性は、遍在無限の法身で、無碍自在にして、大海の功徳を具えた仏です。俗世のことも仏法のこともすべておわかりになった上で、何事にも囚われることなく人々をお導きになります。巷《ちまた》の人々にもわかるように成就の証をお示しになり、俗世の事柄には真実がないとおわかりなので、その行いは自由奔放です。分け隔てすることなく、どこにでもお出かけになり、出会う人々のこの世におけるしがらみを一瞬にしてお取り除きになります。

師の行状は、一見すると世俗的な語り草にしかすぎませんが、その実は深い御《み》教《おし》えにかなった真実の話です。数々の行いは、それを耳にするだけで、聞く人の心に信心の種が蒔《ま》かれます。これからお話しするのは、大海のごとき師の数々の行いの中の、ほんの一滴にしかすぎません。師自身が記された語録、法話集、信者が書き留めたもの、老人の口承などから師の事蹟を以下五章(7)に分けて『一見必笑草』と題打って纏《まと》めてみました。

## 三　なじまないもの

なじまないものの例として
油に水、乳に血、目に埃《ほこり》、足に棘《とげ》、幼女に大きな陰茎、正法《しょうぼう》に嘘偽り
と言われるように、正法を道端の石ころのように見なすのはふさわしくなく、崇敬《すうけい》の念を持ってお読みください。

## 四　この物語を読む資格のある人

以下の物語は
恥ずかしがり屋が読めば、顔から汗が流れ
信心深い人が読めば、目から涙が流れ
無知な人が読めば、口からよだれが垂れ
色欲の強い女が読めば、膣から膣液が溢《あふ》れ
誤った信心を持つ者が読めば、三悪趣に堕ちる。
それゆえに、物事の是非がわからず、仏の深い御教えに信心のない人、自らを制することができない人たちはお読みにならないように。
そうした人たちが読むと、仏の御教えの本質である智慧と方便の深い結合を、陰茎と膣の結合という下世話な話と誤解し、仏法を誤って受け取りかねません。それゆえに読まれる方は、ごろ寝して敬意を欠いたり、下世話な話のように笑いこけたり、疑ったり、勘ぐったり、居眠りしたりしてはいけません。襟を正して読み、物語を楽しまれますように。

（1）矢の鍛冶《かじ》職人として知られるインドの成就者サラハ（八世紀）の象徴。
（2）サラハの弟子で、狩人であったインドの成就者シャヴァリパの象徴。
（3）本来は背負っているもの。正面からの絵には描けないので、カバー図版では、便宜上左腕の後ろに黄色で丸く描かれている。
（4）ドゥクパ・クンレーは「ドゥク派のクンレー師」（後には「ブータンのクンレー師」。解説二二六―二二七頁参照）の意味の通称で、彼の本名はクンガ・レクペー・ペルサンポ（二二一頁）であり、クンガ・レクパはそれを短くした形。
（5）成就者サラハ。
（6）成就者シャヴァリパ。
（7）原本では八章であるが、本訳では一部を割愛したので五章となった。詳しくは解説参照。

# 一章　家系と瘋狂

## 一　家　系

師は法灯を守る由緒正しい家柄の出身であるが、元はと言えばインドに現れた成就者中の白眉《はくび》ナーローパ①が、チベットに仏法を伝え、チベットの人々を利益《りやく》しようと生まれ変わられたお方②である。

その昔、チベットのツァン地方③、ノエジン・ガンワ・サンポ山の斜面、上《かみ》ニャン地方のサレルというところに放牧者の大きな集落があった。そこに父親は名門ギャ氏のスルポ・ツァペと、母親はマサ・ダルキとの間に、七人兄弟の末っ子として第三ラプジュン④の辛巳《かのとみ》の年〔一一六一年〕に、ドゥクパ・リンポチェ⑤という、チベットの太陽とも言える比類を見ないお方がお生まれになった。その兄であるラブムの子供〔の子供〕がオンタクで、その子供がセンゲ・シェラプ⑥とセンゲ・リンチェン⑦である。後者の子供がセンゲ・ギェルポ⑧で、その子供がクンガ・センゲ⑨、その子供がロデ・センゲ⑩である。ロデ・センゲにシェラプ・センゲ⑪とイシェ・リンチェン⑫ご兄弟がお生まれになった。後者にはナムカ・ペルサン⑬、シェラプ・サンポ⑭、ドルジェ・ギェルポ⑮の三兄弟がお生まれになり、末のドルジェ・ギェルポからリンチェン・サンポがお生まれになった。その彼とゴンモキとの間に第八ラプジュンの乙亥《きのとい》の年（一四五五年）にお生まれになったのがクンガ・レクパ師である。

## 二　出家と修行

幼少の頃から、およそ幼児とは思えぬ振る舞いをなさり、前世（から受け継がれた）本性で修行者の真似をし、瞑想修行にお耽《ふけ》りになったので、誰もが畏敬の念を抱いた。三歳で読み書きに不自由されることがなくなる程に成長なさったが、七歳のとき父上が領地の揉《も》め事《ごと》で他界された。

世の中のことに嫌気がさし、仏の教え以外は無意味と思い、先祖の領地は唾《つば》を吐き捨てるように放棄し、ネニン派のラマ⑯の許《もと》で在家信者と見習い僧の戒律をお受けになった。さらには〔チベットの〕シャル寺のケンラプ師から正式な僧侶としての戒律を授かり、大乗の戒律を守られた。そしてソナム・チョクパ師から秘密乗の教えの大半をお授かりになった。奥儀ドンポスム⑰〔三幹〕をはじめとする、自らの家系の宗派であるドゥク派の教えは、ギェルワンジェ師⑱から余すところなくお授かりになった。成就者ラツン・チェンポをはじめとする、あらゆる宗派の由緒正しい師のすべてから、ありとあらゆる教えを受け、実践し、四種灌頂《ししゅかんじょう》⑲も授かり、秘密乗の教えを余すところなく会得された。単に文字面《もじづら》だけでなく、その真意の確証をお持ちになった。しかし

「この心さえ堅持すれば、すべての戒律は自《おの》ずとそこに収まっている」

とお考えになり、僧衣を脱いで、仏法僧の三宝《さんぼう》に返上された。

「風まかせに旅に出て、修行に励もう」

とお思いになり、次のように歌われた。

「仏の御言葉の意に沿わなければ
教えを守って何になろう。
師の御心にかなわなければ

独りよがりの知恵が何になろう。
すべての衆生を独り子のように見なさなければ
祈願、実践、法要が何になろう。
〔声聞、菩薩、密教者の〕三戒は究極的には同一であると理解しなければ
どれを守って、どれを守らないなど、無意味である。
仏は己の内にあると理解しなければ
努力して〔外に〕探して何になろう。
自然体の瞑想を知らなければ
煩悩をどうして断ち切ることができようか。
時の流れに沿って生きなければ
気狂い修行者に他ならない。
摑《つか》みどころのない〔本当の〕見解を理解しなければ
偏った、固定観念で何ができようか。
規律も理解もなくただ生きるなら
来世で誰がその借りを返すのか。

体熱を生む境地に達せずに、みすぼらしい木綿着を纏って[20]
この世で極寒地獄を味わって何になろうか。
教えを受けずに努力したところで
蟻が砂山に登るようなもので、何が達成できようか。
教えを聴いても、物事の本質を瞑想しなければ
食料庫がいっぱいなのに餓死するようなものである。
賢者といえども、教えもせず、著作もしなければ
毒蛇の頭に載っかっている宝珠のようで〔何の役にも立たない〕。
何も知らない愚か者が説教するのは
自分で自分の無知を晒《さら》し出すことに他ならない。
すべての教えを一つに纏め、それを実践せよ」

## 三　瘋狂聖となり母に目合いを迫る

こうしてクンガ・レクパは、二十五歳にして内外の功徳、神通力、変幻自在力など、

成就者の優れた証をお具えになった。そして故郷に戻り、母親の許に滞在された。母親は、師の内なる功徳を見ず、外見だけから判断して、こう言った。

「ドゥクパ・クンレーよ

お前は僧侶にしては、衆生の利益もしていない。

俗人にしては、母が年老いたというのに、嫁も娶《めと》っていない。

このまま、僧侶としての務めも、俗人としての務めも果たさずにいるつもりかい」

そこでドゥクパ・クンレーは、瘋狂聖としてあらゆる衆生の利益をする機が熟したとお考えになり

「母君が、私が嫁を娶るのをお望みなら、今すぐにでも娶ります」

とお答えになった。すぐさま家を後にして市場に行き、齢は百歳、白髪で、目は蒼白く、腰が曲がり、口には歯のかけらもない老婆を見つけ

「おい、お前は今日私の嫁になるので、来い」

とおっしゃったが、老婆は立てなかった。そこで師は背負って家に着くや

「母君、嫁が欲しいとおっしゃいましたので、仰せの通り嫁を連れてきました」

と言われた。

すると母親はこう言った。

「こんな嫁しかいないのなら、それよりは母の私の方が何倍もいいわ。私が代わりに嫁の仕事をします。今すぐ嫁を連れ返しなさい。そうしないと厄介なことになる」

ドゥクパ・クンレーは
「母君が嫁の代わりを勤めると決心されたのですね。それなら嫁を返してきます」

とおっしゃった。

そのころ観音菩薩の生まれ変わりで、慎ましやかで身持ちの堅いンガワン・チョギェル[21]という聖人が瞑想に耽っておられた。瞑想の合間に
「親戚の母・息子の家を少しばかり改装せねばならない。仏教徒の家には仏間がなくてはならない。そしてその家で瞑想をするときには厠《かわや》がなくてはならない。その厠をどこにするかだが、東側にはできないし、南側は都合が悪いし、西側は軋《きし》むし、どう考えても適当な場所がない」

と思案しておられた。

そこにドゥクパ・クンレーがお帰りになったので、母親が言った。

「息子には、ンガワン・チョギェル様のような人が欲しいものだ。師にお仕えし、

親孝行で、衆生の利益をなし、行いが清らかで、人々のために大いにお役立ちになっているのを見たかい」

ドゥクパ・クンレーがお答えになった。

「母君が〔崇《あが》められる〕ンガワン・チョギェル様は、私たちの家を作り直し、〔自分が瞑想するときの〕厠を作る場所をどこにしたらいいのかと思案に暮れておられるが、〔糞食らえだ。〕ご存知ないのか」

と一笑された。

その夜、ドゥクパ・クンレーは母親の枕元に行き

「一緒に寝よう」

とおっしゃった。

母親が

「何をするのです」

と言うと

「昼間、嫁の代わりを私が勤める、とおっしゃったではないですか」

と答えられた。

「恥知らずめ、嫁の代わりに家事をしてあげると言っただけです。馬鹿を言うのもほどほどにしなさい」

「そうならそうと、日中にそうおっしゃるべきでした。今となっては、私はどうしても一緒に寝たい」

「このたわけ者、馬鹿なことを言ってないで向こうに行きなさい」

「私は膝が悪くて立てません。それよりも母君、決心された方がいいですよ」

「お前が恥と思わなくても、人様から咎《とが》められることになる」

「他人《ひと》の口が心配なら、私たちが黙っていればいい」

と頑としてお聞き入れにならなかった。母親も、答えに窮して

「お前がどうしても聞き入れないのなら、〔そうしましょう。でもこのことは〕明日から誰にも一言も言わないように。

世のことわざに

『自分の身体を売るのに、仲介者はいらない。

仏画を広げるのに、釘はいらない。

恥を晒すのに、ゴザはいらない』

とあるが、私たち母と子が目合《まぐわ》うのだから、なおさら〔誰にも言ってはならない〕。そう約束できるなら、さあしなさい」

その言葉を耳にして、ドゥクパ・クンレーは水滴が煮えたぎった油に落ちてはじけるように立ち上がり、去って行かれた。

翌朝、ドゥクパ・クンレーは街に行き、大声でこうお叫びになった。

「皆の衆、よく聴かれよ。馬鹿なことでも言い続ければ、母親でも口説き落とせる」

これを聞いて、皆は呆れかえった。

このおかげで、母親ゴンモキの業《ごう》の汚れと宿世の厄《やく》が清まり、百三十歳まで元気に生きたということである。

## 四　ラサでの酒と女談義

それからドゥクパ・クンレーは

「母君よ、今日から私は遊行者としてラサ(22)の街に行きます」

と告げて旅立たれた。ラサの街には、インド人、中国人、カシミール人、ネパール人、そしてラダック、㉓〔西チベットの〕テー、〔東チベットの〕カム、北チベット、〔中央チベットの〕ウ、ツァン、〔南チベットの〕ダクポ、コンポ、㉔ヒマラヤ山脈南麓、近隣諸国の人々、放牧民、農民、商人、ラマ、領主、僧侶、尼僧、妻帯僧侶、巡礼者など、多種多様な人々が夜空の星の数ほど集まっていた。

ドゥクパ・クンレーは、彼らにこう言われた。

「今日ここにお集まりの方々、お聴きください。私はラルン寺㉕のドゥクパ・クンレーと申す者で、分け隔てなく衆生の利益をなす者です。みなさんの郷《くに》には、それぞれ美味しい酒があり、美しい女がいることでしょう。どうか私にお恵みください」

町中の人が呆れ

「この瘋狂聖め、何をぬかすか。衆生の利益に来たと言いつつ、酒と女を恵んでください、とは。そんな僧侶がどこにいる。僧侶なら、どのお坊さんが偉い、どこのお寺が立派だ、どの教えが広まっている、とかを話題にするもんだ。なのにこいつときたら、女たらしのクソ坊主だ」

と言った。

その中に、色白で、顔は黒く、金槌頭《かなづちあたま》で、目はギョロッと見開き、口は胃袋のように大きく、額は逆さの鉢《はち》のようで、馬の尻尾のような細い首に大きなコブのある男がいた。その彼が言った。

「おい瘋狂者、お前は人というには故郷もなく、鳥というには羽もなく、野獣というには住処《すみか》もなく、獣《けもの》というには巣もなく、坊主というにはお堂もなく、僧侶というには寺もなく、ラマというには本山もない。この厚顔な嘘つきめ、昼間は供物《くもつ》を食らい、夜は酒を飲んで、人妻を寝取る。そんな輩は坊主ではない。僧侶なら法統があるはずだが、誰から受け継いだのか言ってみろ」

ドゥクパ・クンレーがお答えになった。

「おいこの愚か者、道端の地蔵のように黙ってろ。私の法統を知って何になる。しかしどうしても知りたいと言うのなら、聴くがよい。

法統は賤《いや》しからず、高貴にして、持金剛仏《じこんごうぶつ》㉖の末裔なり。
ラマは賤しからず、高貴にして、吉祥ドゥク派〔の諸師〕なり。
イダム㉗は賤しからず、高貴にして、吉祥デムチョ・コルロ㉘なり。
カンドマ㉙は賤しからず、高貴にして、吉祥ドルジェ・パクモ㉚なり。

護法尊㉛は賤しからず、高貴にして、吉祥四臂《しひ》ゴンポ㉜なり」

それを聴いて、師を侮《あなど》っていた男は答えられず、黙った。

すると群衆の中から、ラサ出身の一人の老人が立ち上がり、師に礼拝して次のように述べた。

「ドゥクパ・クンレー様、私はラサの者です。ラサには美しい女がたくさんいて、数え切れません。名の知れた者としては、ペルサン・ブティ、ワンチュク・ツェワン・サンモ、ケサン・ペモ、笑みの素敵なパサン・ギェルモ、さらにはソナム・ドンマ、踊り子チュキ・ワンモ、ラサの輝きアキなどがいます。著名な者だけでもこれほどいますが、他にもわんさといます。またラサには美味しいお酒もございます。ヨガ行者様のお気に召しましたか」

するとドゥクパ・クンレーは

「なるほどラサには旨い酒と美しい女が多いようだ。一度自分の目で確かめてみよう」

とおっしゃった。

次にサキャ(33)出身の老人がこう述べた。

「ドゥクパ・クンレー様、私はサキャの者です。私の故郷サキャにも美しい女がたくさんいて、数え切れません。名の知れた者としては、アセ・ペモ、ガキ、アドゥク、ラチェ・ワンモ、アサ・ツェリン・ドルマ、ダセ・ヤンキ、デキ・セルドンなどがいます。著名な者だけでもこれほどいますが、他にもわんさといます。またサキャには美味しいお酒もございます。ヨガ行者様のお気に召しましたか」

ドゥクパ・クンレーは

「それはそれは、サキャには旨い酒と美しい女が多いようだ。一度行ってみることにしよう」

とおっしゃった。

さらにはラダック出身の老人がこう述べた。

「ドゥクパ・クンレー様、私はラダックの者です。私の故郷ラダックにも美しい女がたくさんいて、数え切れません。名の知れた者としては、ツェワン・ラドン、かわい子チュキ、ラテのアゾ・プモ、ラチク・ブティ、アマ・アキ、カルマ・デチェン・ペモ、ソナム・ギェルモなどがいます。著名な者だけでもこれほどいますが、他は数え切れません。ラダックには美味しいお酒もございます。ヨガ行者様のお気に召しましたか」

ドゥクパ・クンレーは

「それはそれは、ラダックには旨い酒と美しい女が多いようだ。一度行ってみることにしよう」

とおっしゃった。

するとブータン出身の老婆が

「チベット人よ、いい加減なことは言いなさるな。このお方のお名前はドゥクパ・クンレー、すなわち『ドゥク〔＝ブータン〕のクンレー』であって、『チベットのクンレー』ではないのだぞ」

と言い、ドゥクパ・クンレーの御足に跪《ひざまず》いてこう述べた。

「ドゥクパ・クンレー様、私はブータンの者です。私の故郷ブータンにも美しい女がたくさんいます。名の知れた者を挙げると、オチェ㉞にはゲキ・ペルモ、ゴンのユサル仏塔《チョルテン》には上《かみ》ゴン小町サンモ・アゾム、中央のロベサにはパチャン小町ナムカ・ドンマ、中央のテ地方㉟にはテ小町ペルサン・ブティ、ワン地方㊱のバベサにはバベサ小町サンモ・チョゾム、パロ地方㊲のサムテン・ツェモには法主ニマ・タクパの娘、シャ地方㊳のキュンセ・ツェンデンにはキュンセ小町ギェルゾムなどがいます。著名な者だけでもこれほどいますが、他は数え切れません。もちろん美味しいお酒もございます。ヨガ行者様のお気に召しましたか」

それを聞いてドゥクパ・クンレーは

「げに、ブータンには旨い酒と美しい女が多いようだ。一度行ってみることにしよう」

とおっしゃった。

またコンポから来たという老婆がこう述べた。

「ドゥクパ・クンレー様、私はコンポの者です。私の故郷コンポにも美しい女がたくさんいます。名の知れた者を挙げると、コンポの誇りラチェ・ペモ、きれいどころのペルサン、コンポ一の美女リンチェン・ギェルモ、そしてツェワン・ギェルモ、テンジン・サンモ、ツェテン・ラモ、コンポ小町スムチョクマがいます。著名な者だけでもこれほどいますが、他は数え切れません。もちろん美味しいお酒もございます。ヨガ行者様のお気に召しましたか」

それを聞いてドゥクパ・クンレーは
「げに、そなたの故郷コンポには美しい女が多いようだ。いるというだけではダメなので、この目で確かめねばならない。ことにスムチョクマという娘はどんな器量だろう」
とおっしゃった。
老婆は
「スムチョクマは齢《よわい》十五にございます」
と申し上げた。
するとドゥクパ・クンレーは
「さっそく行ってみよう。さもないとスムチョクマの色香が褪《あ》せてしまう」
とおっしゃった。

## 五　女の品定め

「そなたたち、恙《つつが》ないように。私はスムチョクマに会いに行くことにしよう」

とおっしゃって、ニェロン・ラ[39]峠を越えて行かれた。そこで五人ほどの娘に出会われたが、彼女らが言った。

「どこからお越しになり、どこに向かわれるのですか」

ドゥクパ・クンレーは
「後方から来て、前方に行く」

と答えられた。

娘たちが質《ただ》した。

「ちゃんとお答えください。旅の目的は何ですか」

ドゥクパ・クンレーがお答えになった。

「旅の目的を述べろと言われたならば、齢《よわい》三六《さぶろく》十八の頃、色白で、肌は柔らかく温かく、こんもりとした恥丘は欲情をそそり、美形で、抱き心地良く、聡明で、カンドマの特徴を具えた娘を探しに行くところだ」

娘たちが質した。

「私たちはカンドマではありませんか」

ドゥクパ・クンレーがお答えになった。

「あなたたちは違う。しかしカンドマにも色々な種類がある」

「どんな種類がありますか」と問われたので
「智慧のカンドマ、金剛のカンドマ、宝のカンドマ、蓮のカンドマ、業のカンドマ、仏のカンドマ、肉食《にくじき》のカンドマ、世俗のカンドマ、灰色のカンドマである」

とお答えになった。

「どうして見分けるのですか」と問われたので
「智慧のカンドマは、色白で、赤みがあり、均整のとれた体で、髪の生え際に五つの白い突起があり、慈悲深く、清楚で、信心深い。この種のカンドマと身縁㊵を持ったら、この世で悦楽を得て、来世は悪趣に堕ちないこと必定《ひつじょう》である。

仏のカンドマは、肌が青白く、笑顔が素敵で、欲がなく、長寿で、子宝に恵まれる。この種のカンドマと身縁を持ったら、長生きして、死後はウゲン国㊶に生まれる。

金剛のカンドマは、色白で、肉付きがよく、ふくよかにしてしなやかで、眉毛が長く、声が美しく、歌好きである。この種のカンドマと身縁を持ったら、長生きし、願い事が叶《かな》い、来世は神に生まれる。

宝のカンドマは、顔白で、少し黄色がかっており、痩身で背が高く、髪は黄色で、慎ましやかで、腰が非常にくびれている。この種のカンドマと身縁を持ったら、この世で裕福になり、来世は地獄に堕ちない。

蓮のカンドマは、光沢のある桃色のもち肌で、背は低く四肢は短く、尻は大きく、性欲が強く、おしゃべりである。この種のカンドマと身縁を持ったら、子宝に恵まれ、神・鬼・人を支配し、来世は悪趣に堕ちない。

業のカンドマは、緑がかった色白で、額が大きく、活動的である。この種のカンドマと身縁を持ったら、敵に負かされることなく、来世は悪趣に堕ちない。

世俗カンドマは、色白で、よく笑い、友達と父母を敬い、約束を守るが、浪費癖がある。この種のカンドマと身縁を持ったら、子孫は繁栄し、財宝に富み、来世は人に生まれる。

肉食カンドマは、肌黒く、胸が大きく、額には第三の目㊷のような印があり、鉤爪《かぎづめ》のように爪が長く、膣内には黒い心臓があり、肉や血を好む。この種のカンドマと身縁を持ったら、寿命は縮まり、病多く、貧しくなり、来世は金剛地獄㊸に生まれる。

灰色カンドマは、黄色で灰色がかっており、竈《かまど》の灰を食べる。この種のカンドマと身縁を持ったら、苦しみ多く、憔悴《しょうすい》し、来世は餓鬼に生まれる」

と説明された。

娘たちが
「私たちは、どの種類のカンドマですか」

と訊いた。

ドゥクパ・クンレーは
「あなたたちは、他のカンドマとは異なっている」

とおっしゃった。

「どのようにですか」と訊かれて
「欲が深いのに貧しくて、性交を持ちたいのに相手がいない。お前たちと身縁を持ったら、運は上向かない」

とおっしゃった。

娘たちは図星をつかれ、立ち去った。

そしてドゥクパ・クンレーは、障碍を取り除くために智慧と方便の弓と矢を持ち、誤った見解と執着を打ち破るために猟犬を連れ、長い髪を巻いて背中に垂れ、耳には輪の繋《つな》がった耳飾りをつけ、上にはドルゴン[44]を羽織り、下にはアンダル[45]を履いて、コンポ方面にお出かけになった。

## 六　コンポ小町スムチョクマとの法縁と身縁

コンポの領主ランダルの館の前にある祈願幟《ダルシン》にもたれながら眺めてみると、周りに人は誰もいなかった。スムチョクマを起こすのに歌を歌おうとお考えになって、次のように歌われた。

「父祖カギュ派のラマたちの御足にひれ伏します。
広大で豊かな郷の真ん中で
輪廻の牢獄のような中で
そなた、うら若く魅力的な娘スムチョクマよ
しばし注意深く私に耳を貸せ。
私こと、分け隔てなく諸国を遊行するヨガ行者は
事象に託して思いを歌おう。

頭上に広がる青空に
月が煌々《こうこう》と輝いて
夜の闇を取り除いたなら
ヴィシュヌ神㊻は嫉妬しないだろうか。
嫉妬しないというのなら
世の闇を取り除こう。
花々が咲き乱れる花園で
紅薫るこの花は
蜜蜂が求める蜜を溜めているが
〔私がそれを吸ったなら〕
霜や氷が嫉妬しないだろうか。
霜や氷が嫉妬しないというのなら
仏法僧に供養《くよう》を捧げよう。
コンポ地方の中心地
そこに生まれたスムチョクマと

私ドゥクパ・クンレーが身縁を持ったなら
領主ランダルは嫉妬しないだろうか。
嫉妬しないというのなら
スムチョクマを仏の境地に導こう」

とおっしゃった。
そのときスムチョクマは、領主に給仕人として仕えていたが、ドゥクパ・クンレーのお声がはっきりと聞こえ、起きて窓から眺めてみると、祈願幟のところに満月のように輝くご尊顔が見えた。と同時に、揺るぎない信心が芽生え、以前にお目にかかったことはないが、成就と神変の自在者として聞きしに及んだドゥクパ・クンレー尊師であると一見してわかり、返歌を送った。

「広大な緑野の只中においでの
満月の顔つきの乞食者《こつじきしゃ》よ、お聴きください。
人の体に仏の御心《みこころ》

裸の体は光り輝き
寛容の盾を背負い
智慧と方便の弓と矢を持ち
煩悩を絶つための猟犬を連れ
三界《さんがい》(47)を支配し修行に励む人
あなた様は悪魔の変化《へんげ》なのですか
はたまた神通力の成就者ですか。
〔私は〕真鍮《しんちゅう》を金と見間違えているのでしょうか。
真鍮を金と見間違えていないのであれば〔お願いがあります。〕
悲しいかな、私は鍛冶屋《かじや》の鉄敷《かなしき》です。
こうしていれば、金槌で叩かれ
逃げようにも、ハサミに〔摑まれて〕できません。
あなた様は立派な鍛冶屋〔＝サラハ〕の子孫〔＝生まれ変わり〕ではありませんか。
もし立派な鍛冶屋の子孫なら
私を鍛冶屋の鉄敷として捨て置かないでください。

ラサのジョカン寺㊽の錠前にしてください。
鉄〔としての〕の業が清められたら、仏になれますように。
悲しいかな、私は木の鴨居です。
こうしていれば、犬や豚に踏みにじられ
逃げようにも、二本の脇柱に〔抑えられ〕できません。
あなた様は立派な大工の子孫ではありませんか。
もし立派な大工の子孫なら
私を木の鴨居として捨て置かないでください。
ラサのジョカン寺の楣《まぐさ》にしてください。
木〔としての〕の業が清められたら、仏になれますように。
悲しいかな、私はコンポのスムチョクマです。
こうしていれば、領主ランダルに殴打され
逃げようにも、この世に執着があってできません。
ラマは、仏の生まれ変わりではございませんか。
もしラマが、仏の生まれ変わりなら

この私を輪廻の濁世に捨て置かないでください。

どことなり一緒にお連れください。

スムチョクマとしての業が清められたら、仏になれますように」

と嘆願した。

こうしてドゥクパ・クンレーとスムチョクマが、宿世の繋がりで歌を応答しているのを領主ランダルが耳にした。そこで
「スムチョクマよ、今しがた美しい声が聞こえたが、どうしたのだ」

と訊いた。スムチョクマは聡明な女なので、とっさに領主を騙《だま》すために
「今朝門前に美しい声をした乞食がやってきました。その彼がいい話を聞かせてくれました」

と答えた。すると領主は
「いい話とは、どんな話だ」

と尋ねた。

スムチョクマが

「谷の上手で、猟師が鹿をたくさん射止めました。下々の者には分けてくれないみたいです。でも領主様ご自身がお出かけになるのなら、百匹でもお持ち帰りになれます。ツァンパ㊾と肉を持たずに、行かれてはダメですよ」
と言うと、領主の耳には、水が砂に吸い込まれるように浸透し
「わしと家来を含めて総勢三十人、七日分の旅支度をせよ」
と命じた。スムチョクマが即座に準備すると、領主一行は出かけて行った。
そこでスムチョクマはドゥクパ・クンレーを招き入れ、お茶の用意をした。ドゥクパ・クンレーは
「スムチョクマよ、これから先もそなたにお茶を入れてもらう機会は多々あるだろう。まずは、私がラサの街から持ってきたお茶があるので、これを飲もう」
とおっしゃった。スムチョクマの手を摑み、領主の寝床に寝かせ、〔裾をまくしあげて〕下のマンダラ㊿を覗き込まれた。肌白く、絹より柔らかい腿の真ん中に、こんもりと盛り上がった白蓮《びゃくれん》のマンダラがあった。そこに口づけされ、ご覧になると、機が熟しているので、行為に及ばれた。スムチョクマが
「今まで交わった中で、今日ほど気持ち良く満たされたことはない」

と思っているあいだに、行為は終わった。
ドゥクパ・クンレーから
「スムチョクマよ、お茶が入っているなら、持ってきなさい」
と言われて、スムチョクマは、お茶、お酒、ツァンパ、肉など、ドゥクパ・クンレーの喜ばれるものすべてを給仕した。そのあとでドゥクパ・クンレーは立ち上がられて
「スムチョクマよ、そなたはここに残るがいい。私は出かけなければならない」
とおっしゃった。
スムチョクマは揺るぎない信心を持ってドゥクパ・クンレーに礼拝して申し上げた。
「業深い女の私を、輪廻のぬかるみに捨て置かずに、どこなりとお連れくださいい」
ドゥクパ・クンレーは
「そなたを私と一緒に連れて行くわけにはいかない。すぐに戻ってくる」
とおっしゃった。スムチョクマが執拗《しつよう》に嘆願するので、ドゥクパ・クンレーは
「今は家に置いていくときなのに、残らないと言うのなら、〔こう心得よ。〕私たちヨガ行者の心は、瘋狂者の話、遠くの噂話、売女《ばいた》の尻のようなものだ。もしも私がそなたに木の下、岩の傍らに残れ、と言ったら、残れるか」

そう言われてスムチョクマは
「ラマの仰せに従います」
と答えた。
ドゥクパ・クンレーは、スムチョクマは〔仏により〕予言(51)され〔結ばれるべくして結ばれ〕た女であるとおわかりになり、連れ立って行かれた。谷の下手に着いたとき、崖っぷちに獅子が横たわっているような形の洞窟《どうくつ》があった。ドゥクパ・クンレーは
「スムチョクマよ、ここに三年留まっていなさい」
とおっしゃった。
スムチョクマが
「ここは怖いです」
と言うと
「三年が怖いというのなら、三ヶ月残りなさい」
とおっしゃった。
スムチョクマは
「どこにでも連れて行ってください」

とせがんだが、最後には

「お言葉に背かず、七日なら残ります」

と言った。ドゥクパ・クンレーは

「怖いのなら洞窟の中に入りなさい。私は外を回ってくる」

とおっしゃり、外から洞窟を塞《ふさ》いでしまわれた。

中からスムチョクマがこう歌った。

「ドゥクパ・クンレー様、お聴きください。

羊毛は風に運ばれ

枯れ木の頂に留まります。

私は羊毛のように軽い身ですから

風は責めないでください。

枯れ木は水に流され

水面の波に流されます。

枯れ木は中が空ですから

水は責めないでください。
コンポ生まれのスムチョクマは
洞窟の中で悲しんでいます。
私は浅はか者ですから
ヨガ行者のドゥクパ・クンレー様、責めないでください」

ドゥクパ・クンレーがお答えになった。

「スムチョクマよ、嬉しいの、悲しいのと、あまり言わないように。
私が去ったあとは、日中は神とカンドマが
夜は灯明と線香があるではないか。
いつも私に祈願し、瞑想するように」

と諭して、サムエ㊾に旅立たれた。
それから三日の間、スムチョクマは自らの信心とドゥクパ・クンレーのご加護により、日中は神とカンドマによる仏法の調べに、夜は灯明と線香の香りに寝食を忘れ、四晩目の明け方、全く苦しむことなくして光の体を得て、仏になった。[53][54]

## 七　尼僧ツェワン・ペルゾムとの間に子をもうける

それからドゥクパ・クンレーはラルン寺に向かわれる道すがら、カンドマの特徴を具えた十六歳になる尼僧ツェワン・ペルゾムにお会いになった。

「尼僧よ、どこに行く」

とお尋ねになると、尼僧は

「町に托鉢《たくはつ》に行きます」

と答えた。ラマは、彼女から自分の子供が生まれることになるのをお見通しになり

「尼僧よ、私と目合ってみないか」

とおっしゃった。尼僧は

「私は幼少の頃から仏門に入り、目合い方も知りません」

と答えた。ラマは

「そなたは知らなくても構わない。私が手ほどきをして進ぜよう」
とおっしゃって、手を握り、道端に寝かせ、三回事に及ばれた。九、十ヶ月後、立派な赤子が生まれた。
ンガワン・チョギェル大僧正が、その子の父親が誰なのかをお尋ねになると、尼僧は
「ドゥクパ・クンレー様です」
と答えた。大僧正は
「ドゥクパ・クンレーは瘋狂者だから、仕方がない」
とおっしゃって、お許しになった。

## 八　他の尼僧たちがドゥクパ・クンレーの子供を産んだと偽る

すると他の尼僧たちがこう言い合った。

「私たち女にとっての最大の喜びは性交です。さあ楽しみましょう」

一人が言った。

「でも子供が生まれたら、大僧正様から叱られます」

他の者が言った。

「そんなの簡単よ。子供の父親はドゥクパ・クンレー様ですと言えば、お咎めはありません」

そして一人がそれを真似て、また一人が、という具合に、尼僧たちは奔放に振る舞った。一年もすると尼僧の大半は戒を破っており、八人ほどの赤子が生まれた。ンガワン・チョギェル大僧正のお咎めがあり、赤子たちの父親の詮索がなされた。するど全員が

「父親はドゥクパ・クンレー様です」

と答えた。大僧正は

「とんでもない瘋狂者めが、寺の尼僧大半の操を奪いおって」

とお怒りになった。それを聞きつけたドゥクパ・クンレーは

「今日尼僧は全員自分の赤子を連れてまいれ。私の赤子かどうか検分しよう」

とお命じになった。すると尼僧たちは赤子を連れてきて、それぞれに、自分の赤子は、

口元が、手が、足が、目が、鼻が、ドゥクパ・クンレー様に似ています、と言った。

ドゥクパ・クンレーは

「さあ全員、ここに赤子を連れてまいれ。本当に我が子なら私が面倒を見よう。さもなければ、ペルデン・ラモ女神[55]の供物にしよう。さあ検分しよう」

とおっしゃった。そして自分〔とツェワン・ペルゾムとの間に生まれた〕赤子の両脚を掴み

「智慧の眼を持つペルデン・ラモよ、諸国を遊行するドゥクパ・クンレーは、数々の若い娘と目合いましたが、今や嘘つき尼僧たちが偽りを申しています。本当に我が子なら、御手で救い上げてください。さもなければ、供物としてお召し上がりください」

とおっしゃって、赤子を頭の上でぐるぐる回して虚空に放り投げられた。すると近くの空き地〔＝シン〕に、雷〔＝ドゥクダ〕のようにドカンという大きな音を立てて落ちた〔が、ペルデン・ラモにより救われた〔＝キョン〕〕。それゆえに、この子はシンキョン・ドゥクダと名付けられた。

この光景を見た他の尼僧たちは、各々の赤子を抱いて霧散した。

（1）九五六？―一〇四〇？年。チベット仏教のカギュ派の開祖マルパ（一〇一二―一〇九七）の師であるインドの瞑想修行者。五章注（3）参照。
（2）口上では、ドゥクパ・クンレーはサラハとシャヴァリパの生まれ変わりとされ、手にしている弓と矢、連れている猟犬はその象徴である。さらにここではナーローパの生まれ変わりであるともされている。こうしてインドの修行者三人の化身であるとすることで、ドゥクパ・クンレーの権威を一層高めている。
（3）中央チベットの西半分。タシルンポ寺のあるシガツェが中心地。
（4）一〇二六年に始まったチベットの十干十二支を組み合わせる六十周年法。
（5）「ドゥク派のラマ」の意。本名はイシェ・ドルジェであるが、一般にツァンパ・ギャレー（ツァン地方のギャ氏出身の木綿着（レー）を纏った行者）の名前で知られる。ドゥク派の創始者。一一六一―一二一一年。
（6）一二三八―一二八七年。
（7）一二五八―一三一三年。
（8）一二八九―一三二六年。
（9）一三一四―一三四七年。
（10）一三四五―一三九〇年。

(11) 一三七一―一三九二年。
(12) 一三六四―一四一三年。
(13) 一三九八―一四二五年。
(14) 一四〇〇―一四三八年。
(15) ＝ドルジェ・ラプギェ。生没年未詳。
(16) 自分が師事し、教えを授かり、導いてもらう師。サンスクリット語のグル。チベット仏教では、「仏もラマなくしては仏になれなかった」と言われ、仏以上に重要な存在。チベット仏教が「ラマ教」とまで言われる所以である。
(17) ドゥク派の中心的教えの一つで、身口意《しんくい》を速やかに清める。
(18) ギャ家の正系でドゥク派第十三代大僧正。一四二八―一四七六年。
(19) 灌頂とは、師から授かる修行の入門儀式。宝瓶灌頂、秘密灌頂、智慧灌頂、字句(第四)灌頂の四段階がある。
(20) 修行が完成した者は体温が高くなるので、木綿着一枚でも寒さを感じない。
(21) ギャ家の正系でドゥク派第十四代大僧正。一四六五―一五四〇年。彼の祖父とドゥクパ・クンレーの祖父は実の兄弟で、二人は再従兄弟《はとこ》に当たる、非常に近い親戚関係である。本伝記中では、彼は既成教団の象徴として、自由奔放なドゥクパ・クンレーから絶えず揶《や》揄《ゆ》される対象である。

(22)　チベット全体の、そしてウ地方の中心地。
(23)　チベット文化圏の最西端の地方。現在はインドのジャンム・カシミール州。
(24)　チベットの一地方。
(25)　ドゥク派の大本山。
(26)　すべての仏の特性を一身に備え持った仏として尊崇される。
(27)　イダム・キ・ラ(誓約《イダム》を立てた対象である尊格《ラ》)の縮約形。修行者・信者が誓約を立て、格別に祀り、瞑想し、結びつきを持つ仏・菩薩で、チベット仏教ではきわめて重要視される。日本仏教での念持仏、守り本尊的存在。
(28)　字義通りには「勝楽法輪」。
(29)　字義的には「空を舞う女性尊格」の意味。サンスクリット語のダーキニー。男性形はカンド(ダーカ)。イダムなどの中心的尊格の従者で、修行者・信者を助け、守る。チベット仏教では、ラマ、イダムと並んで三位一体的な最も重要な存在。
(30)　字義通りには「金剛豚母」。
(31)　チベット語ではチョキョン(仏法を護る尊格)。スンマ(保護者)とも呼ばれる。ラマ、イダム、カンドと並んで、チベット仏教の四本柱と言える。
(32)　字義通りには「守護者」。インドのヒンドゥー教ではマハーカーラ(大黒)で、日本では大黒天となる。

(33) チベットのツァン地方の主要都市。同名の宗派の大本山がある。
(34) 本書にはブータンの地方名、地名が数多く現れるが、以下に同定して注を打つのは、その内の主要なものだけに限った。
(35) 旧都プナカを中心とした地方。
(36) 現在の首都ティンプを中心とした地方。
(37) ティンプの西の谷。国際空港があり現在のブータンの玄関口。
(38) ワンディ・ポダンを中心とした地方。
(39) 「ラ」は峠の意味。
(40) 原語は lus 'brel「身体的結びつき」で、性的関係を持つこと。仏教的文脈では弟子が師から教えを受けることを chos 'brel「法縁(仏法の結びつき)」を持つ、と言うが、それを男女の関係にもじったもの。
(41) チベット仏教ニンマ(古)派の開祖パドマサンバヴァ(一般にはグル・リンポチェと呼ばれる)が誕生した国。現在のパキスタンの一部に比定される。
(42) 智慧の目と言われる。
(43) 最も深い地獄を指す。
(44) 修行者の上着の一種。カバー図版にあるように、首の周りに巻きつける肩掛けのようなもの。

(45)　修行者の下着の一種。腰に巻きつけるだけの簡単なもの。

(46)　ヒンドゥー教の主要三神の一つ。宇宙の秩序の維持を司る。

(47)　欲界、色界、無色界。仏教の宇宙全体。

(48)　チベット仏教最大の聖地。本尊に釈迦牟尼像が祀ってある。現在中国語では大昭寺と呼ばれる。

(49)　大麦の一種であるハダカムギ(青稞)を炒《い》って粉にしたもので、バター茶に混ぜて食べる。チベット人の主食。

(50)　本来は中心に尊格を描いた仏画を指すが、ここでは女性器のこと。

(51)　仏・菩薩のお告げのようなもので、これがあれば、物事がうまく行くが、ないとその保証がなく、一般に人は物事を手がけようとしない。

(52)　ラサの南東で、ツァンポ川(ブラフマプトラ川)の左岸に位置し、チベット最初の仏教僧院がある。

(53)　遺体を残さず天空に消えること。チベット仏教では成就者の臨終の証とされる。「虹の体」とも言う。

(54)　原著ではこのあと、チベット各地、中国などでの事蹟が述べられるが、続く二話を除いて他は割愛した。解説参照。

(55)　チベット仏教の護法尊の中の最高位の女尊。

# 二章　中央ブータン訪問

## 一　ブムタンのクジェ・ラカン寺院での事蹟

それからドゥクパ・クンレーはモンラ・カルチュン峠[1]を越えて、ブータンのブムタン[2]で第二の仏ウゲン〔国生まれの〕グル・リンポチェが瞑想されたクジェ・タ〔御影窟〕[3]に赴かれた。ここで彼はブータンの娘たちに流し目をお使いになった。そこで娘たちは口々に

「チベットからヨガ行者が来られたので、お酒を差し上げ、法縁、身縁を結んでもらいましょう」

と言い合って、集まってきた。ドゥクパ・クンレーは酒を召し上がり、ブータンの娘たちと歌垣を楽しまれた。それをチャムカル王[4]の血筋を引く王が聞き、〔ドゥクパ・クンレーを殺そうと〕毒を盛ったが功を奏しなかった。次に毒矢を射ったが、当たら

なかった。そこで王はドゥクパ・クンレーが成就者であるとわかり、丁重におもてなしした。

そうした縁からドゥクパ・クンレーはモンシプ・ラカンという小さなお堂を建て、仏法を広めるために住持を任命し、三十人ほどを出家させなさった。それ以後ブムタンの地にドゥク派の教えが広まるようになった。ドゥクパ・クンレーはブータンの娘たちの大半と身縁を結び、「〔私の血筋を引く〕ブータンの女にまして、柔肌で、丈夫な女は〔他のどこにも〕生まれないだろう」とおっしゃった。

そしてドゥクパ・クンレーは、すべての男女にそれぞれの資質に応じて因果《いんが》応報《おうほう》の教えを説き、〔観音菩薩の真言〕マニ⑤、〔グル・リンポチェの真言〕グル・シッディ⑥を唱えさせて、仏縁を持つ信者とされた。そしてこう歌われた。

「私は瘋狂の風に吹かれ、ブータンの女を求めて来たのではない。
〔これといった〕成就の証はないが、少しばかりをお披露目に来た。
衆生の利益は〔たいして〕できないが、せめて形ばかりはしようとして来た。
食べ物や着る物を求めて来たのではない。

いかなるお布施も頂かないので
トウガラシ(7)は持ってこないように」

とおっしゃって、立派なお説法を幾つかなされた。

## 二　テルトン（埋蔵宝典発掘僧）ペマ・リンパとの出会い

それからドゥクパ・クンレーは、テルトンのペマ・リンパ(8)がおられる方に向かわれた。ペマ・リンパは街の中で高座に上り説法をされていた。ドゥクパ・クンレーはその傍らにいた子供たちを数人集め、岩の上に登ってペマ・リンパの真似をお始めになった。ペマ・リンパはそれをご覧になって

「私は大究竟《だいくきょう》(9)の見解・瞑想・実践の三つを教えているが、乞食《こつじき》よお前は何をしているのか」

と問われた。そこでドゥクパ・クンレーは、自らの見解・瞑想を次のようにお歌いになった。

「雪山カイラス⑩は高くても
雪獅子⑪にはトルコ石色のたてがみがいる。
大究竟の見解は高尚でも
自性《じしょう》は自ら〔のできる範囲内で〕見なくてはならない。
大海は深くても
魚は〔自分のできる範囲内で〕泳がねばならない。
経典の教えは深くても
行者は〔自分のできる範囲内で〕瞑想せねばならない。
〔偉大な〕埋蔵宝典発掘僧が多くても
普通の人は並の僧侶を好む。
戒律の規定は詳細でも
普通の人は〔規定緩やかな〕真言乗を好む」

それに答えて、ペマ・リンパはこう歌われた。

「見解と言っても、見るものもない。
有無の両極を超えているので
見たところで、見えるものがあるだろうか。
見えるものがないのなら、見解はない。
瞑想は深いものである。
対象の有無の両極を超えているので
対象がなければ、瞑想はなく
対象があれば、瞑想ではない。
行いの優れた者は
善し悪しの両極を超えているので
善し悪しがあれば、優れた行いではなく
善し悪しがなければ、何が善悪だろうか」
ドゥクパ・クンレーがお答えになった。

「この大平等の見解がわかれば
大慈悲が見えてくる。
この非想真実観想(12)は
無始の自性に任せればよい。
四六時中の行いは
善悪を選ぶことがない」

それを聴いて、ペマ・リンパはお喜びになり、帽子を取って
「そなた様は、ご立派なお方だ。師はどなたで、どんな教えを受けられ、どんな修行をされたのか」
とお訊ねになったので、ドゥクパ・クンレーがお答えになった。
「東西《とざい》、東西《とーざい》
師は、偉大な比丘《びく》に出会い

正法は、戒律を授かり
修行は、悪業を捨て、善業をなし
おかげで私は、持《じ》戒堅固《かいけんご》となった。
師は、聖なる菩薩に出会い
正法は、大乗の発心をし
修行は、自利よりも利他をなし
おかげで私は、菩《ぼ》提心《だいしん》を得た。
師は、持金剛に出会い
正法は、四灌頂を受け
修行は、生起《しょうき》・究竟の二次第を修め
おかげで私は、神の体を得た。
師は、遍満大楽《へんまんたいらく》に出会い
正法は、原初自《じ》然《ねん》を受け
修行は、万事無為を修め
おかげで私は、無辺法界を得た。

師は、幾多諸経に出会い
正法は、諸事結縁《けちえん》を受け
修行は、万事合一を修め
おかげで私は、万象清浄《しょうじょう》を得た⑬」

ペマ・リンパがおっしゃった。
「そなたは、空性《くうしょう》を理解されたヨガ行者です。氏姓、法脈は何で、お名前は何と申されますか」
ドゥクパ・クンレーがお答えになった。

「血脈も法脈もれっきとした
ツァンパ・ギャレーの子孫で
大印⑭の教えの流れを汲《く》む者です。
私の名前はドゥク・ニョン〔ドゥク派の瘋狂〕クンガ・レクパです。
食う物、着る物を乞い求める乞食です。

故郷への執着を断ち切り
諸国を隈《くま》なく回っています」

ペマ・リンパはドゥクパ・クンレーを歓待され、お二人は仏法を親しく語り合われた。ドゥクパ・クンレーは数夜ご宿泊になったあと、モンラ・カルチュン峠を越えて再びチベットに戻って行かれた。

(1) チベットから中央ブータンに通じる峠。
(2) 西から順にチュメ、チョコル、タン、ウラの四つの谷から構成される。ブータンで最も古くから開けた地域で、名刹が多く、仏教が盛んである。
(3) チョコル谷の中心チャムカル市街地から北に車で十五分ほどの舗装道路の行き止まりに位置する。現在は、この御影窟の周りにいくつものお堂が建っており、クジェ・ラカンと呼ばれている。
(4) かつてグル・リンポチェの時代に、チョコル谷を支配したとされる王。
(5) サンスクリット語のオン・マニペメ・フン(蓮の中の宝珠)。六字真言として知られる。チベット、ブータンで最もポピュラーな真言(念仏)。

(6) オン・グル・シッディ・フン(グルの成就)。グル・リンポチェの真言で、ニンマ(古)派では最もポピュラーな真言(念仏)。

(7) ブータン人のトウガラシ好きは良く知られている。チベット人であるドゥクパ・クンレーには辛すぎたのであろう。

(8) テルトンとは、グル・リンポチェが将来のために埋蔵しておいた教えを発掘して世に広める者。その中でペマ・リンパ(一四五〇―一五二一)はブムタン出身で、ブータンで最も崇められている。

(9) チベット語ではゾク(パ・)チェン(ポ)「大いなる完成」。ニンマ派の教義の一つで、すべての人々には本来完成された資質が具わっており、それに目覚めることにより、速やかに究極の境地に達することができるというもの。

(10) 西チベットの聖山。

(11) チベットの神聖な伝説的動物。チベットの国章には、体は白く、たてがみはトルコ石のように青緑色の向かい合った一対があしらわれている。雪山から雪山に飛び移るとされるが、足跡は残さない。その乳は、普通のライオンの乳の滋養が凝縮されているといわれ、仏の教えの精髄を象徴するのに用いられる。

(12) 意識して観想することなく、ありのままの真実を自ずと理解できる境地。

(13) 全部で五段階に分かれている。最初の三段階は、小乗、大乗、真言乗(密教)を表している。四番目は、チベット仏教のさらに進んだ段階であるゾクチェン(大究竟)を表し、最後はドゥクパ・クンレー自身の無碍自在の境地を表している。「結縁」、「合一」という言葉には、彼特有の性的交渉が示唆されていると思われる。

(14) サンスクリット語のマハームドラー。密教の教義体系の一つ。

# 三章　西ブータンでの事蹟（一）

## 一　ブータンに向け矢を放つ

ドゥクパ・クンレーが、ヤムドク地方①のナンカルツェのセムサンモの家に滞在されていたとき、ある日の夜明けの夢に、腰から下は黄色い布を纏い、手には炎が燃え盛る刀を持った女性②が現れて

「ドゥクパ・クンレーよ、そなたには南のブータンで衆生を教化するという宿縁があるが、今まさにそのときが来た。かの地でそなたの子孫が繁栄し、将来ドゥク派の教えに貢献することになろう。明日の夜明けに、ブータンに向けて、その先駆けとして矢を放つように」

と言って、見えなくなった。

ドゥクパ・クンレーはそれがデュソルマ③のお告げであるとおわかりになり、南の方

角をご覧になって
「私が御教えと衆生の役に立てますように。そして何よりも〔この矢が〕宿世の縁のある女の家に当たりますように」
と願って、ビューンというけたたましい音とともに、南の空に向けて矢を放たれた。その音はヤルドク地方全域に轟《とどろ》き渡ったので、人々は
「今は冬なのに、こんな雷が鳴るとは、どうしたことだろう」
と訝《いぶか》しがった。すると子供たちが
「雷鳴ではない。ドゥクパ・クンレー様が、矢を放たれたのだ」
と言った。

## 二　矢はテ地方のツェワンの家に当たる

西ブータンのテ地方のルンダム・オクマ〔＝下《しも》ルンダム〕(4)というところに、ツェワンという裕福で信心深い男がいた。ドゥクパ・クンレーが放たれた矢は、その男の家の階段(5)に当たった。ものすごい音とともに、家が揺れたので、地震かと思って逃げ出そ

うとしたところ、階段に刺さった矢がまだ揺れているのが見えた。そこで大きな音がして家が揺れたのはその矢のせいだとわかり、ツェワンの妻は不吉な思いがした。ツェワンは

「不吉に思わないように。これは私たち二人に子が授かる予兆だ。手を洗ってから、あの矢を取ってきなさい」

と言ったので、妻は矢を取り、絹を巻いて仏壇にお供えした。

### 三　オドの悪魔退治

一方ドゥクパ・クンレーは、パリ[6]からテモ・ラ峠[7]を越えて、衆生の楽園ブータンにお越しになると、オド岩のところで数人が野宿していた。ドゥクパ・クンレーが

「今日は私もここに泊めてくだされ」

とおっしゃると、彼らは

「岩窟の入り口に泊まれ」

と言った。寝るときになると、彼らは

「オドの悪魔様、〔ご加護を〕」
と祈って眠りについた。そこでドゥクパ・クンレーも
「私様、〔ご加護を〕」
と祈って、お休みになった。
夜半になって髪を逆立たせたオドの悪魔が現れて
「さっきお前は、自分自身に対して『私様、〔ご加護を〕』と唱えたが、それはどういうことか、説明せよ」
と言った。
ドゥクパ・クンレーは
「私にはこんなものがある」
と言いながら、勃起した自らの御一物をお見せになると、オドの悪魔が
「先端を見ると、卵のようで
真ん中を見ると、魚のようで
根元を見ると、豚の鼻のようだ。
貴様は、魚と豚と卵をかけあわせた生き物みたいだ」

と言った。ドゥクパ・クンレーは
「何かわからないのなら、見るがいい」
とおっしゃって、燃え盛る智慧の金剛⑧を彼の口に突っ込まれると、歯がへし折られたので、オドの悪魔は退散した。しばらくしてオドの悪魔は穏やかな顔つきをして現れ話しかけたので、ドゥクパ・クンレーは教え⑨を授け、忠実に服従することを誓わせになった。こうしてオドの悪魔は誓約護法神となり、それからというもの、この地を行き交《か》う人々に危害を及ぼさなくなった⑩。

## 四　シンカラプの魔女退治

それからドゥクパ・クンレーはシンカラプに差しかかり、そこの魔女も人喰いだとお気付きになった。一本の木の根元に火を焚《た》いて野宿されていると、その魔女は美しい娘に化けて現れ
「いずこからおいでですか」
と尋ねた。ドゥクパ・クンレーが

「私はチベットから来た。そなたはどこに住まい、どこに行くのか」
と問われた。
「私は山に住む者で、食べ物と着る物を求めてやってきました」
ドゥクパ・クンレーが
「何を食べ、何を着るのか」
と問われると
「食べるのは肉を食べ、着るのは人間の皮を着ます」
と答えた。
するとドゥクパ・クンレーは
「それでは、着る物は私が差し上げよう」
とおっしゃり、神変力で陰茎の包皮を剝《は》いで
「これを着なさい」
と命じられた。〔魔女はそれを纏ったので〕夏は雨でびしょ濡れになり、冬は凍って動けなくなった。それからというもの、その魔女は人に危害を加えず、誓約護法神となった。

## 五　百歳の老婆を虹の体にする

それからドゥクパ・クンレーは、パロ谷のシャナ地区のチュユルからお下りになった。あたかも太陽が昇る前から光が現れるように、それまで〔西〕ブータンにはお越しにならなかったけれども、その名声はすでにこの地にも広まっていた。すると道端の仏塔を

「オン・マニペメ・フン。ドゥクパ・クンレー様、〔ご加護を〕」

と唱えながら、時計回りに回っている百歳の老婆がいた。

ドゥクパ・クンレーが

「誰に祈っているのか」

と尋ねられると、老婆は

「ドゥクパ・クンレー様です」

と答えた。

「ドゥクパ・クンレー様と会ったことはあるのか。お顔は見知っているのか」

「お目にかかったことはありませんし、お顔も存じ上げていません。お噂を聞き、信心が生まれました」

「そのお方が、今あなたの前に来られたら、どうするつもりか」

「私はもう老ぼれの身ですから、この体ではご奉仕できません。しかし、お酒などはたくさんありますから、お好きなだけ召し上がっていただきます。でも私は善業も積みませんでしたから、ご高名を耳にするのがせめてで、とてもご尊顔を拝することなど叶わないでしょう」

「そのドゥクパ・クンレーは私だ」とお告げになると、老婆は嬉しさのあまり泣き崩れ、その御足に額をひれ伏し

「今生と来世の守護者はあなた様を除いていません」

と言って、家の中に招き入れた。ドゥクパ・クンレーが

「酒はあるか」

とお尋ねになると、老婆は

「七升ございます」

と答えたので

「一升注いでくれ」

と所望された。

老婆は酒を差し出しながら
「近所には、私のような老婆が多くいます。彼女らもあなた様に信心を抱いています。彼女らを呼んでもよろしいですか」

と尋ねた。ドゥクパ・クンレーが
「彼女らを呼べ」

とおっしゃると、老婆たちは各々パラン⑪を一つずつ持ち寄ってきて、それをラマの前に並べた。ドゥクパ・クンレーはその家の老婆を呼んでお尋ねになった。

「そなたには私にどれほどの信心があるか」

「信心の量などお見せできるものではありません。あなた様が私を殺すと言われれば、〔私は喜んで〕死にます」

ドゥクパ・クンレーが
「死ぬなどできないであろう」

とお質しになると、老婆は

「絶対にできます」

と答えた。

ドゥクパ・クンレーは、老婆の寿命がその晩で尽きることをお察しになり

「死ねるというなら、腕を上げて、肋骨《あばらぼね》を見せよ」

老婆がそうすると、ドゥクパ・クンレーは弓と矢を取り、老婆の胸を射抜いた。

他の老婆たちは

「今日年寄りが殺される。逃げろ、逃げろ」

と叫びながら、谷の上手、下手に散々に逃げていった。村人の中には、呆れ返った者もおり、中には

「このチベット人め、よくも老婆を殺したな」

と罵《ののし》る者もいた。老婆は

「このお方は、私が崇めるラマだ。敵だと見なさないように」

と言って、息を引き取った。

それから老婆の遺体は洞窟に入れられ、扉は封印された。

「七晩の間洞窟の扉は開けないように。その頃私は戻ってくる」

とおっしゃって、その場を後にされた。

六晩過ぎてから老婆の息子が戻ってきた。

「母はどこにいるのか」

と訊くと、人々は

「お前の母親は、チベット人の乞食《こつじき》をドゥクパ・クンレー様と思い込み、酒を振舞った。チベット人の乞食は酒に酔って、お前の母親を殺し、洞窟に入れ、扉を閉めて行ってしまった」

と経緯を告げた。息子は

「チベット人の奴め。最初は世話になり、次いで酒を飲み、挙句には世話をした母を殺しやがって。しかも殺しただけではなく、〔洞窟に入れ〕扉を封印した」

といきり立った。ところが扉を開けてみると、かぐわしい香りが立ちこめ、遺体は虹の体[12]となっており、右足の親指だけが残っていた。

息子が驚いているところに、ドゥクパ・クンレーがお戻りになり

「残念なことをした。一晩早く扉を開けてしまったので〔遺体が完全に虹とならず〕、親指が残ってしまった」

とおっしゃった。
これを聞いて、息子はドゥクパ・クンレーのご加護に満たされ、信心を得て
「ありがとうございます」
と言った。
ドゥクパ・クンレーは
「ありがたかろうが、ありがたくなかろうが、そなたの母は浄土に送り届けた」
とおっしゃって、去って行かれた。

## 六　老婆アキを浄土に送る

ドゥクパ・クンレーはパロ谷を下ってギャカルタンにお着きになった。そこのアキという裕福な老婆が亡くなって、その法要が行われていた。
そこにいた者たちは
「坊主が来た」
と言って、ドゥクパ・クンレーを招き寄せ、酒を勧めた。ドゥクパ・クンレーは

「暑い季節に酒を飲むのはいいものだ」

とおっしゃって、召し上がられた。すると皆が言った。

「坊主、お前は酒も飲んだし、老婆の屍《しかばね》を運べ」

ドゥクパ・クンレーがお答えになった。

「ことわざに
『満腹だからといっても、屍は運ばない。

楽しく嬉しくとも、壁土固め[13]作業はしない』

とある。私は屍運びの仕事を探しに来た乞食ではない」

とおっしゃって、引き受けられなかった。

「おっしゃることはごもっとも。しかし何かの縁だから、老婆を哀れんで手伝っておくれ」

「ふんふん、そうなら運ぶことにしよう。火葬場はどこだ」

「谷の上手だ」と村人は指で示した。

ドゥクパ・クンレーが
「では杖を一本持ってきてくれ」

と所望され、その杖で老婆の屍を起こしながら、こう歌われた。

「老婆よ、寝てないで起きよ。
老婆よ、輪廻のぬかるみから起きよ。
そもそも生きる意味もなく生まれ出てきて
今死ぬ意味もなく死んでいく。
自分の心の行き先も知らず
屍を息子の前に放置する。
息子はいても、屍を運ぶ人はいない。
愛用していたきれいな着物もなく
汚れたおぞましいものが流れ出ている。
老婆よ、じっとしておらず歩け。
解脱《げだつ》の道を歩め」

すると老婆の屍は足で立って、腰を折り曲げながら、前に進んだ。ドゥクパ・クン

レーは杖で追い立てながら、後にお続きになった。火葬場に着くと老婆は
「ドゥクパ・クンレー様、私を解脱の道にお導きくださり、ありがとうございます」
と言って、荼毘《だび》の〔薪《まき》の〕中に収まった。
「私は老婆を解脱の道に導いた。そなたらは屍を焼け」
とおっしゃって、立ち去られようとしたところ、その場の者たちが
「しばしお待ちください。せめてお食事でも」
と言ってお引き止めした。豚の頭を持ってきて
「お口に合うようでしたら、調理いたしますが」
と申し出たので
「持ってきなさい」
とおっしゃった。差し出された豚の頭を指差して、ドゥクパ・クンレーは
「この豚野郎、頭も尻尾もなく、毛に覆われ、鼻の先っぽはロバの陰茎。
お前もここにいるな。老婆の後に続け」
とおっしゃって、指を鳴らされると、豚の頭から光が発して西方に向かったのを誰もが目の当たりにした。

このあと、ドゥクパ・クンレーは食事を召されることもなく立ち去られた。

## 七　ガンタカのラマ・ツェワンの新築祝い

それからドゥクパ・クンレーはパロ谷のガンタカをお通りになった。

「新築されたラマ・ツェワンの家の落慶法要にいらしてください」

と招かれたので、赴かれた。

「何か祝福のお言葉を一つお願いします」

と乞われたので

「入り口は山のように堅固にして
そのように堅固でめでたかれ。
柱頭は弓(14)のように立派にして
そのように立派でめでたかれ。
梁《はり》はまっすぐにして

そのようにまっすぐでめでたかれ。

屋根は板葺きにして
そのように守られてめでたかれ。

そなたのこの家に、人多く、屍多かれ」

とお歌いになった。

「そんな縁起の悪いことはおっしゃらないでください」

と言われたので
「では、こうしよう。

人少なく、屍少なかれ」

とお歌いになり、立ち去られた。

このことがあって、その家系は絶え、今では家の土壁がかろうじて残る廃墟となっている。

# 八　ゴンサカのランデュ退治

それからドゥクパ・クンレーは、ワン地方のゴンサカは悪魔のせいで人が絶えてしまったとお聞きになったので、そこを経由することになさった。その村の上手にはツェン⑮が、下手には恐ろしい魔龍が住んでいて、夜な夜な人一人をさらっていくので、今では老婆が一人残るだけとなっていた。

ドゥクパ・クンレーはその魔龍の住処《すみか》に近づき、弓矢と長太刀《ながたち》を枕とし、ツァンパの入った袋を前に置き、仰向けに寝ころび、腹を肋骨に吸い込み⑯、尻にツァンパをかけ、陰茎を勃起させてお休みになった。そこに魔龍が来て

「こんなのは今まで見たことがない。しかし何であれ、食べられるだろう」

と思って、大声で叫んだ。

「家来ども、今ここに参れ」

すると、腐った肉に集まる蝿のように、無数のジュンポ⑰が集まってきた。

ある鬼たちは

「これは死んでいる」
と言い、別のものたちは
「死んではいない」
と言った。上手のツェンがやってきて
「これは得体が知れないので、食べないほうがいい。体にぬくもりがあるから、死んではいないし、息がないから、生きてはいない。ツァンパが残っているから、餓死したわけではなかろうし、腹が肋骨に入り込んでいるから、食べ過ぎて死んだのではない。弓矢を枕にしているから、怖くて死んだわけではない。昨日死んだにしては、陰茎がピンと勃起しているし、今日死んだにしては、もう尻に蛆《うじ》が湧《わ》いている。これは不吉だから、食べないほうがいい」
と言って、引き上げかけた。そこで魔龍が
「今日の日中はどこに行ってもいいが、今夕は以前から食べるはずの老婆を喰おう。だから全員老婆の家の門前に集合せよ」
と言ったので、全員退散した。
ドゥクパ・クンレーは老婆の許にお越しになり

「お婆さん、どうしているかね」

とお尋ねになった。老婆は
「あなた様がお越しくださったのはとてもありがたいのですが、私はとても悲しいのです」

と答えた。

「どうしたのだ。私に話してくれ」

とおっしゃったので、老婆はこう語った。

「私はかつてはこの村で裕福でした。しかしこの辺鄙《へんぴ》な村には仏も成就者もお越しになりませんでしたので、鬼たちが繁盛し、人も家畜も食べられてしまいました。私の命も今宵限りです。あなた様は立派なお坊さんですから、ここには居残らずどこか他所《ほか》に行ってください。今宵ここに残られると、彼らに喰われてしまいます。明日、私がいなくなった後、この家には財宝がたくさんありますから、それを瞑想修行の糧にしてください」

するとドゥクパ・クンレーは
「災いなど起きないから、私はここに残ろう。ところで酒はあるか」

とおっしゃった。

老婆は
「酒はありますが、鬼たちが精をとってしまいましたから、どんな味かわかりません」

と答えた。

「穀物の粒が残っていれば、精も少しはあるだろう。持ってきなさい」

とおっしゃって、酒をお召し上がりになった。夜も更けて、鬼がやってきたが、戸が閉まっていたので、戸をドンドンと叩いた。老婆は
「やってきました。やってきました」

と怖がり、慌てふためいた。ドゥクパ・クンレーは
「落ち着け。私に任せておけ」

とおっしゃって、下に降りて行かれた。隆起した陰茎を戸の拳《こぶし》ほどの穴から突き出されたので、鬼はほうほうの体《てい》であった。

「鬼よ、食べるものが欲しければ、これを食べよ」

とおっしゃって、智慧の金剛から燃え盛る炎を発射された。それが鬼の口に鉄槌《てっつい》のよ

うに当たり、上の歯も下の歯も四本ずつ折れてしまった。鬼は

「俺の口に何が当たったんだ」

とわめき声を挙げ、谷の下手のセンゲ・ギェルツェンという洞窟で瞑想しているサムテン・ペモという尼僧のところに走り去った。そして

「尼僧よ、私の口に何が当たったんだ」

と訊いた。尼僧が

「どこで当たったのか」

と質したので

「ゴンサカの老婆のところに、非僧非俗の者が現れて、そいつの燃え盛る鉄槌が当たったんだ」

と答えた。すると尼僧は

「とんでもないものが当たった。その傷はけっして治らないよ。信じないというのなら、これをご覧よ」

と言って、自分の膣を見せた。

「私のこの傷も、以前同じ鉄槌によってできたものだ。この傷を治す術はない」

鬼はその傷を眺め、指を突っ込んでから、その指を鼻で嗅いでみた。

「おったまげた、お前のこの傷は腐っている。俺の口も腐ってしまうんだろうか。どうしよう」

尼僧が言った。

「今すぐに行きなさい。そのお坊さんは、まだ老婆のところにいるに違いない。そのお方はドゥクパ・クンレー様だ。そのお方に、お前の命を差し出し、金輪際《こんりんざい》生き物を殺《あや》めませんと誓いなさい。そうすれば治る」

鬼はさっそく老婆のところに戻っていった。するとドゥクパ・クンレーは老婆と一緒にいらっしゃった。鬼はその足許に礼拝し

「ドゥクパ・クンレー様、今後はあなた様のお言葉に背かず、誓約を守ります」

と申し出て、命を差し出した。それを受けて、ドゥクパ・クンレーは彼に誓約を授け、自分の従僕になさった。さらには見習い僧の戒律を授け、護法尊に任命し、ランデュという名前をお与えになった。この鬼は今でもゴンサカの守り神として厚く祀られている。

## 九　ハゾン・ルンパの魔女退治

それからドゥクパ・クンレーが、ハゾン・ルンパの下手から上手に登って行かれると、風変わりな様相をして恐ろしい血相の魔女が現れた。ドゥクパ・クンレーは燃え盛る智慧の金剛を虚空に隆起させられた。魔女はそれを見るに耐えかねて、毒蛇に変身した。ドゥクパ・クンレーはためらうことなく毒蛇の危険な口を踏んづけ、石に変えてしまわれた。その石は、今でも道端にある。

## 一〇　チャダナでツェワンの妻ノルゾムを寝取る

それからドゥクパ・クンレーはテ地方のツェワンの家にたどり着き、立ち小便をされた。子供たちがそれを見て

「なんと大きな一物だこと」

と言ったので

「カッコーが青い夏には、一物は長く
鹿が褐色の冬には、亀頭が大きく
夏冬にかかわらず、飢えた者の腸は長い。
寒暖の違いはそんな程度だ」
と言い放って、家の中に入って行かれた。
「少し前に矢を放ったが、ここに着いておるか」
とお訊ねになったので、ツェワンは
「矢を放たれたのはあなた様ですか。どうぞお入りください。矢はちゃんと着いております」
と答えた。そのとき、ツェワンの妻で、女神のように色が白く、満開の花のような顔立ちで、高貴な出自のノルゾム又の名はペルサン・ブティの姿が目に止まった。ドゥクパ・クンレーは、一目見るなり心奪われ
「矢は行き先を間違わず
伴侶たる女神と出くわした。

ツェワンそなたはあちらに行け
私は今すぐノルゾムが欲しい」

と歌い、ノルゾムを抱こうとされた。主人のツェワンは怒って、刀を振り上げ、こう言った。

「客として招かれながら、妻を奪い
お礼の言葉も言わずして
休む間もなく、目合《まぐわ》うなんて
こんな行いは、今まで見たことも聞いたこともない。
有雪国《うせっこく》チベットではどうであれ
南のブータンでは、そうはさせん」

そして刀を投げたが、ドゥクパ・クンレーは左手でそれを受け止め、右手でノルゾムの首をお抱きになった。それを見てツェワンに信心が生まれ

「あなた様が仏様であるとは気が付きませんでした。妻をお召しください。私が死ぬまで、帰依所としてお残りください」

と御足を額にいただき、熱心にお願いした。それでドゥクパ・クンレーはしばらく逗《とう》留《りゅう》された。そうしてパジョ⑱の息子サンダク・ガルトン⑲が祈願の力によってノルゾムの胎内に宿り、ンガワン・テンジン⑳がお生まれになった。

彼は大きくなって、ラルン寺に行き、ンガキ・ワンチュク㉑の許で修行した。カンドマの予言に従ってタンゴ寺院㉒を創建し、子孫繁栄の法要を行われた。そうしてパジョの化身ツェワン・テンジン㉓がお生まれになった。そして彼からお生まれになったのが、ジンパ・ギェルツェン㉔とギェルセ・テンジン・ラプギェー㉕である。このテンジン・ラプギェーがのちにブータンの統治者となられた。

「テ出身の在家ツェワンは、仏法が好き。
放蕩者《ほうとうもの》の僧侶クンレーは、女が好き。
仏法好きも、女好きも、ともに幸せであれ」

とは、そのときにドゥクパ・クンレーがお歌いになった歌である。

## 一一　ルンダム・ゴンマの魔女とシタル・ドゥギェー爺や

ルンダム・オクマ〔下ルンダム〕に逗留中に、ドゥクパ・クンレーは上手の魔物も退治しようとお考えになり、ルンダム・ゴンマ〔上ルンダム〕に足を運ばれた。そこに粘《ねん》板岩彫師《ばんがんほりし》でシタル・ドゥギェーという爺やがおり
「シンバル売りが来たら、買おう」

と思っているのをお察しになった。そこでドゥクパ・クンレーは
「爺さん、何をしているのかね」

「私は粘板岩彫師だ。修行者はどちらからおいでですか」

「私はチベットからシンバルの行商に来た」

「いいシンバルがありますか。名前はなんといいますか」

「いいのがある。名前はナムチャル・ベプチェー㉖という」

「では私が買いましょう。ちょっと見せてください」

と話が弾んだ。ドゥクパ・クンレーは
「世のことわざに
『口を開けずに祈りは唱えられず
素手では太鼓は叩けない』
とあるように、シンバルを買うには酒が要るが、酒はあるのか」
とお尋ねになった。
「七升分はあります」
と答えると
「お前は酒を持ってこい」
とお命じになった。
「では、私は酒を取りに行きますから、そのあいだ、あなたは少しばかり粘板岩を彫っていてください」
と言って、その場からいなくなった。
ドゥクパ・クンレーが少しばかり彫っていると、その村の恐ろしい血相をした魔女が現れ、襲いかかった。ところがドゥクパ・クンレーが炎のように燃え盛る金剛を魔女の口に当てたので、魔女は退散した。魔女は追いかけられて、シルナというところにある大きな岩の中に消えた。ドゥクパ・クンレーは

「未来永劫、ここから出るな」

とおっしゃって、鼻血で封印された。

それからルンダムにお戻りになり、爺やに

「酒は持ってきたか」

とお尋ねになると、シタル・ドゥギェーは

「はい」

と言って差し出した。

「おい爺や、お前も飲むがいい」

とおっしゃって、召し上がっておられると、シタル・ドゥギェーは

「シンバルを見せてください」

と言った。

「今は酒を飲め。シンバルはあとで見せてやる」

しばらくしてシタル・ドゥギェーが再度せがんだが、返事は同じであった。さらに

せがむと、ドゥクパ・クンレーは
「爺さん、お前はシンバルが何か知らないようだ。お前の酒を、私の口に注ぎ込んで〔＝チベット語「ロル」〕、私が喜んでおる〔＝チベット語「ガモ」〕。これがロルモ〔＝シンバル〕[27]だ。私の上下の唇が、ロルモかどうか見てみろ」

とおっしゃった。シタル・ドゥギェーは腹を立てて
「この乞食め、シンバルがないのなら、酒代を払え」

「お代を払うのは、お前の方だ」

「俺が自分の酒代を払うだと」

「私がいなかったら、爺さんお前は今日魔女に喰われていたところだ。あんたが死なずに済んだのは、私がその魔女をシルナの岩に閉じ込めたからだ」

「お前が魔女を岩に閉じ込めただと―　あることないこと言うな。酒代を払え」

「では、嘘か本当か、確かめに行こうではないか」

そこで二人は連れ立って石のところまで行った。ドゥクパ・クンレーが
「自分の耳をあてがって、聞いてみるがいい」

とおっしゃったので、シタル・ドゥギェーがそうすると、岩の中から

「ドゥクパ・クンレー様、どうかルンダムに放ってください」
という声が聞こえた。シタル・ドゥギェーは
「あなた様が仏様だとは知らず、ご無礼いたしました。酒代は結構です。どうかお許しください」
と嘆願した。こうして彼は信者となった。

## 一二　ドチュ・ラ峠の悪魔退治

それからシタル・ドゥギェーは
「ドゥクパ・クンレー様、わしらの地方のドチュ・ラ峠の魔女にも〔危害を加えないと〕誓約させていただければ、この上なくありがたく存じます。道を往来する者の大半は喰われてしまいますので、もう往来ができません」
とお願いした。
そこでドゥクパ・クンレーはさっそくドチュ・ラ峠に赴かれた。そこにワン地方からの十八歳になる少年が、老いた牛を追いながら来たので

「どこから来たのか」
とお尋ねになると
「ワンのバベサから来ました。牛が進めないので夜になってしまいました。助けてください」
とお願いした。
「どうしたというのだ」
とお尋ねになると
「夜になると鬼が来て、私たちはさらわれてしまいます」
と答えた。
ドゥクパ・クンレーは
「それならお前は家に帰れ。牛は私が護ろう」
とおっしゃったが、少年は
「もう暗くなって、〔今からでは〕家には着けません」
と答えた。
「それなら家を思い浮かべて、私の掌《てのひら》に頭を休めよ。家まで安全に送り届けよう」

とおっしゃった。少年がその通りにすると、ドゥクパ・クンレーは神通力で一瞬のうちに少年を家に送り届けになった。

それからドゥクパ・クンレーは牛を木の根元にくくりつけ、自分は木の頂に登った。すると魔女が現れて、牛を見つけ

「食べ物がある、急いでおいで」

と上手に向かい、下手に向かい叫んだ。それに応えてシンチュ・ラ峠㉘とヒン・ラ峠の魔女二人がやってきた。三人の魔女が牛を食べようとしたとき、ドゥクパ・クンレーが木の枝を一本落とされたので、三人の目に止まり

「降りてこい、遊ぼう」

と呼びかけた。ドゥクパ・クンレーが

「お前らのような吐き気がする奴とは遊ばない」

とお答えになると、彼女らは腹を立て、牙を剝《む》き出して、木を嚙《か》み倒した。

するとドゥクパ・クンレーは無二の智慧の金剛から燃え盛る炎を発射された。〔シンチュ・ラ峠とヒン・ラ峠の〕魔女二人は焦げ死にそうになったので、ドチュ・ラ峠の魔女の中に消えた。ドゥクパ・クンレーは魔女の髪を摑《つか》んでドロサまで引っ張って

行かれると、夜が明けて魔女は赤い犬に姿を変えた。その耳を摑んで、乳房の形をした峠の真ん中に埋め、その上に黒い仏塔をお建てになった。そして、のちにお堂が建立されると予言なさった。㉙

## 一三　魔女ロンロン・デュモ退治

それからドゥクパ・クンレーは、峠から下った川沿いに住むロンロン・デュモという魔女を退治に向かわれた。すると魔女は、川の中から水しぶきを高々と上げ、恐ろしい血相をして現れ、次のように歌った。

「この地に来た遊行者よ、聴け。
名高い雪山カイラスも
無人地帯の風の砦《とりで》チャンタン㉚も
雪に覆われた土と石でしかなく
何が偉大と言えるのか。

名だたる雪獅子も
肌が白く、たてがみの長い動物でしかなく
荒野に吠えるだけのもの
何が偉大と言えるのか。
高名な修行者ドゥクパ・クンレーも
富もなく、物乞いするだけで
無意味な下世話話をする輩でしかなく
何が偉大と言えるのか。
礼拝も供物も捧げるものか。
誰からここに来いと言われたのか。
誰のためにここに来たのか。
どんな教えの系譜を継承するのか。
仏なら、それに答えよ」

ドゥクパ・クンレーがお答えになった。

「湖の精なる魔女よ聴け。
人たる私を見下げるな。
宿願叶って今日そなたと会えた。
気をそらすことなく注意して
しばし耳を傾けよ。
雪山カイラスの名声は
五百羅漢の住まいなるがゆえ。
雪獅子の名声は
女神とカンドマたちの乗り物なるがゆえ。
修行者クンレーの名声は
この世の帰依所なるがゆえ。
富なくして物乞いするは
心底貪《むさぼ》りを捨てたがゆえ。
口から出まかせに語るのは

偽善を語らないため。
常軌を外れるのは瘋狂の行い。
すべては解脱に至る道。
『行け』とおっしゃったのは持金剛仏
衆生を輪廻から解き放つため。
大印の教えを継承する
ミラレパ聖者㉛と私とは
この世の二つの飾りなり。
そなたロンロン・デュモは護法尊なり。
神、龍、夜叉《やしゃ》、鬼の類《たぐい》は
見た目も良く、魅惑的で、伴侶としてふさわしい。
変身して私に従え。
極楽解脱の道に導かん。
身口意《しんくい》の三業でもって励めば
今生で仏となるだろう」

すると魔女は見目麗《みめうるわ》しい、魅惑的な女に変身し、水晶の容器に酒を満たして捧げ、こう歌った。

「修行者ドゥクパ・クンレー様
血脈は尊く、法脈は清く
体は人にして、心は御仏《みほとけ》
智慧と方便の弓矢と、寛容の盾
煩悩を絶つための猟犬〔を携えた〕
王者たる修行者よ
私を極楽解脱の道にお導きください。
女性《にょしょう》の私は虚空の花
上半身は麗しくして魅惑的
下半身のマンダラは
快楽を生む技巧《わざたくみ》なり。

修行者のあなたは目合い好き
龍女の私は色情狂。
今日出会ったは良縁で
今宵は是非ともお泊まりを。
仲睦まじく身縁にご奉仕します。
ですからありがたい御説法をお願いします」

そして龍女はドゥクパ・クンレーを自分の館に招いてもてなし、今後は仏法を信奉し、衆生の助けとなることを約束し、命を殺めないことを誓約した。ドゥクパ・クンレーは湖の精なる龍女と無二の合体を遂げ、ふさわしい弟子として教えを授けた。

## 一四　オラの老人テンジン

そこからお戻り《ロク》になる途中、草も水もない〔不毛な《キャモ》〕場所《タン》を通りかかったので、その地をロクタン・キャモとお名付けになった。

そこから上手に向かうと、子孫が繁栄しあちこちに広まった、テンジンという信心深い老人がいた。彼が

「ドゥクパ・クンレー様、縁あって、お越しいただいて嬉しく存じます。私の息子たちは分家し、娘たちは嫁に行き、末の息子は仏門に入りました。もうこの世には楽しみもありません。死期に役立つ教えをお授けください」

と願い出た。そこで、ドゥクパ・クンレーはこうおっしゃった。

「よしよし、私を念じて、次のように唱えるがいい。誰にも憚《はばか》ってはならない」

と言い、次のような輪廻解脱偈《りんねげだつげ》を授けられた。

「私を念じつつ

『古木のように根元から倒れても、我執《がしゅう》の枯れない老人の陰茎に帰依します。

狭い渓谷のように入り込めなくても、色欲の枯れない老婆の膣に帰依します。

自信と精力に溢れ、死をも恐れぬ雄々しい若者の陰茎に帰依します。

下半身の欲望が湧きたぎり、恥じらうことない娘の膣に帰依します』

と帰依四偈を唱えなさい」

テンジンが

「帰依偈をお授けくださり、ありがとうございます。祈願三偈もお授けくださいますように」
と嘆願すると、ドゥクパ・クンレーは
「よしよし
『東の巨木の葉はよく茂っているようだ、茂るかどうかは巨木次第
クンレーの大亀頭に膣は締まっているようだ、締まっているかどうかは亀頭次第
爺《じじ》いの信心は厚く、悟れそうだが、悟るかどうかは信心次第』
この祈願偈も忘れずに唱えるように」
とおっしゃった。
老人が家に戻ると、家族の者たちが尋ねた。
「ラマに会えましたか。聴聞はどうでしたか」
「ラマに会えたし、教えも授かった。帰依偈も暗記した」
娘が言った。
「お父さんは、聡明でもないし、教育もない。帰依偈は短くて、意味が詰まったものみたい。一度唱えてみてよ。私たちも聞いてみたいわ」

父親は両手を合わせて
「古木のように根元から倒れても、我執の枯れない老人の陰茎に帰依します」
と帰依四偈をラマから教えられた通りに間違わずに唱えた。すると娘は恥ずかしさのあまり、逃げて行った。
老婆が言った。
「お前さんは瘋狂かね。ラマ、仏の御言葉には落ち度はないはずだ。お前さんが間違って覚えたに違いない。正しく覚えていても、お前さんはラマではないのだから、その御言葉を真似するのは恥ずべきことだ。これからは家族のいるところで唱えないでくれ」
テンジン爺さんは
「ラマが思い浮かばなければ、唱えない。でも思い浮かんだら唱える」
と答えた。
夕食時になり、皆が揃ったところで、テンジン爺さんは目を閉じ、手を合わせて帰依偈を唱え始めた。家族の誰もが
「爺さんは瘋狂になってしまった」

と言い、銘々のお椀㉜を持って出て行ってしまった。テンジン爺さんは帰依偈を一度唱えてから、目を開けてみると誰もおらず、一人ぼっちであった。

お婆さんが戻ってきて

「これからもそんな経文を唱えるなら、別居してもらう。唱えるのか、唱えないのか、どっちかね」

するとテンジン爺さんは

「お前らが恥ずかしかろうが、なかろうが、俺は命に代えても唱える」

と答えた。

「それなら、出て行きなされ」

と言われて、丘の上に小さなわら小屋があったので、そこに一人で移り住んだ。そこで日夜帰依偈を唱えて一ヶ月ほど過ぎた満月の明け方、琵琶や笛の音が聞こえてきた。家にいた婆さんはそれが爺さんの声ではないことがわかり、爺さんが発狂したのではないかと思い、たまりかねて

「娘よ、酒を用意して、お父さんのところに持って行きなさい」

と大声で叫んだ。

娘が酒を用意して、父親のところに持って行くと、父親は見当たらず、布団が畳んであっただけだった。娘が

「お父さん、お父さん」

と叫びながら、布団をひっくり返してみると、その下にきれいな虹色の輪の真ん中に、阿字《あじ》㉝が白く光り輝いているのが見えた。そこで娘は事の次第がわかり、村の衆に

「来てください。父が死にました」

と叫んだ。

村の衆が集まると、阿字も光の輪も東の空に消え去っていった。その中から

「ドゥクパ・クンレー様が私をポタラ山㉞にお送りくださる。お堅くとまったお前たちは、ここに留まるがいい。ロクタン・キャモの私の地は、ドゥクパ・クンレー様に差し上げてくれ」

という声が聞こえ、爺さんは虹の体となって消えていった。

## 一五　チメ・ラカン堂の建立

それからドゥクパ・クンレーは、テンジン爺さんの布団に残っていた数珠を胎内仏(35)として納めて、その地に仏塔を建立し、落慶法要をされた。のちにンガワン・チョギエルがその仏塔を中心に据えてお堂をお建てになった。このお堂は現在チメ・ラカン堂(36)として知られているが、その本尊はこの仏塔である。

(1) ラサの南方、ツァンポ川の右岸で、同名の大きな湖がある地方。ブータンからは、大ヒマラヤ山脈の北側に位置する。

(2) 護法女尊デュソルマが人の姿で出現したもの。

(3) 護法女尊ペルデン・ラモ(一章注(55)参照)には様々な形があるが、その一つ。

(4) ティンプとプナカを隔てるドチュ・ラ峠からプナカに降りる斜面に位置する。この伝承に従い、現在はチャダナ(お弓(＝チャダ)が当たったところ)という名前で知られている。ルンダムは上下二地区に分かれていて、ルンダム・オクマは下ルンダム、この先出てくるルンダム・ゴンマは上ルンダム。

(5) ブータンの家では、階段は家の外壁に設置してあるのが普通である。

(6) シッキム(現在はインド領)とブータンの境にあるチベットのチュンビ渓谷。

(7) チュンビ(パリ)渓谷とブータンの最西端ハ地方の境の峠。

(8) 本来はダイヤモンドあるいは儀式用の仏具の一つを指すが、この文脈では陰茎を指す。これはブータンでは非常にポピュラーで、家の外壁にもよく描かれている。普通名詞としては「ポー」「ポ・チェン」で、豊饒のシンボルであると同時に、魔よけ、厄よけの意味もある。写真参照。

(9) 元来仏教に敵対していた土着の神で、高僧に調伏《ちょうぶく》され、それ以後は仏教を守護すると誓約した神。

(10) これはチベット・ブータン仏教における誓約護法神誕生の典型的な例である。元来仏教に敵対していた尊格が、高僧に調伏され、以後は自分の持っている様々な力で仏教を守るという誓約をする。ドゥクパ・クンレーはブータン各地の悪霊を退治し、誓約護法尊としたことで知られているが、彼の場合悪霊退治の最

大の武器が金剛＝陰茎である点が特徴である。以下にこの類の話がいくつも紹介されている。

(11) 竹とか水牛の角などでできた酒を入れる容器。

(12) 一章注(53)参照。

(13) ブータンの民家の壁は、土を打ち固めて積み上げるのが伝統的であるが、これは女の仕事である。

(14) ブータンの柱頭には梁を支えるように左右に広がった支えがあるが、その形から「柱弓」と言われる。

(15) 虚空及び地表に住む魑魅魍魎《ちみもうりょう》。

(16) 餓死して痩せこけたように見せかけるための仕草。

(17) 鬼神の一種。

(18) ドゥゴム・シクポ(一一八四?—一二五一?年)のこと。ドゥク派の開祖ツァンパ・ギャレー(一章注(5)参照)の予言に従い、ドゥク派の教えを最初にブータンに伝えた。

(19) パジョ・ドゥゴム・シクポの息子の一人。

(20) 一五二〇—一五九〇年。

(21) 一五一七—一五五四年。

(22) ティンプ谷の北端にある僧院。

(23) 一五七四―一六四三年。シャプドゥン・ンガワン・ナムギェル(五章注(15)参照)がチベットから亡命してきたとき、彼を支えて、ドゥク派によるブータン統一に大きく貢献した。
(24) ?―一六八一年。
(25) 一六三八―一六九六年。シャプドゥン・ンガワン・ナムギェルの実質的後継者。
(26) ナムチャルは持ち上げる様、ベプチェーは降ろして音を止める様。シンバルの演奏方法を表している。
(27) シンバルはチベット語ではロルモ。それをロル「注ぎ込む」とガモ「喜んでいる」で語呂遊びしたもの。
(28) ドチュ・ラ峠と同じく、ティンプとプナカを結ぶ道にある峠。ドチュ・ラ峠よりは北に位置し、一八六五年にブータンとイギリスとの間に結ばれた条約には、この峠の名前が冠されている。
(29) 今世紀に入り、ドチュ・ラ峠に建立されたドゥク・ワンギェル・ラカン(ブータン勝利記念堂)はこの予言の実現と言える。
(30) チベット北部の高原。
(31) 一〇五二―一一三五年。チベットの詩聖。
(32) ブータンでは、食事用のお椀は一人一人が懐に持ち歩いている。

(33) サンスクリット語の字母の一つで、すべての文字に含まれている。それゆえに、すべての根源と見なされ、尊ばれる。
(34) 南方の海上にあるとされる観音菩薩の極楽。
(35) 仏像の胎内に納める経典、宝石など。
(36) プナカとワンディ・ポダンのほぼ中間地点の、プナ・ツァンチュ川の右岸(西側)の小高い丘の上に位置するお堂で、ドゥクパ・クンレー所縁のお堂として最も有名である。現在は石の男根が祀ってあり、子授けのご利益で知られている。写真左上付近。

# 四章　西ブータンでの事蹟（二）

## 一　タキンの起源

智慧の女神に酔いしれて
思いつきのたわいもない話で
世俗の虚栄を破砕する
ドゥク派の瘋狂聖クンガ・レクパに礼拝します。

さて衆生の守護者ドゥクパ・クンレーがシャ地方のリュツォガンにお着きになると、信心深い尼僧アナンダラ、キュンセ小町ギェルゾム、オチェ小町ゲキ・ペルモ、上ゴン小町サンモ・アゾム、パチャン小町ナムカ・ドンマ、ワンのバベサ小町サンモ・チョゾム、シャ小町クンサンモなどが出迎えた。他にもブータン各地の縁のある娘たち、チャンガンカのラマ・ペンジョルなど篤信《とくしん》の信者、そしてドゥンドゥンのギェルチョ(1)クとギェルゾムをはじめとした邪見を持った者たちが集まっていた。ブータン中に「ドゥクパ・クンレー様の神通力を見たければ来るように」と触れ回ってあったので、七千人以上の群衆となっていた。そこで「クンガ・レクパ様、あなた様には成就の証と神通力が多くあると聞いておりますが、私どもは耳にしただけで実際に目にしたことがありません。今日ここで、あなた様の成就の証と神通力が信ずるに値する由緒正しいものであることを、私どもに目の当たりにお見せくださいますように」と願い出て、ヤギの頭と牛一頭分の肉でもてなした。

ドゥクパ・クンレーは肉を食べ終わると、牛の骸骨を立たせて、その首にヤギの頭をくっつけられた。そして「畜生よ、お前の体には肉が付いていない。立ち上がって、野原の草を食べてこい」とおっしゃって、指を鳴らされた。するとヤギの頭がついた牛の死骸は立ち上がり、谷の上手に上がっていった。

集まった人たちは全員あっけにとられ、成就の証に驚愕《きょうがく》した。この動物の子孫は、今日タキン[2]として知られている。

## 二　ブータン人への説法

それからブータン人信者、縁のある女たちが、次のようにお願いした。

「ドゥクパ・クンレー様、私どもブータン人にありがたい法話を一つお授けください。冒頭にはインド語の原題[3]があり、心のこもった、それでいて笑える説法、一見世間話のようでありながら、中身は仏の教えの真髄があり、わかりやすく、耳にするだけで解脱が得られるようなお話を一つお願いします」

するとドゥクパ・クンレーは以下のようにお答えになった。

「インドの言葉で、ゲジェ〔私の陰茎〕、シャララ。
チベットの言葉で、プメトゥラ〔娘の膣〕、シュルル。
世間の人の喜びとは
娘は欲望が起こるのを喜び

若い虎は欲望を満たすのを喜び
老人は欲望を思い起こすのを喜ぶ。
これが三つの喜びの教えである。

寝床は目合《まぐわ》いの装置であり
寝心地良く広いのがいい。
膝は目合いの先駆けで
前戯に役立つのがいい。
手は目合いの取手であり
しっかり抱けるのがいい。
膣は目合いの要《かなめ》であり
何度も何度も締まるのがいい。
これがこうあるのがいいという教えである。

夫のいる女と寝るのはご法度《はっと》

十歳未満の娘と寝るのはご法度
月の障り中の女と、性交渉を絶つ誓いを立てた女
彼女たちと寝るのはご法度である。
これが三つのご法度の教えである。

食欲が大きいのは食べ物のない者の印
陰茎が大きいのはバカの印
性欲が大きいのは女の印である。
これが三つの大きいものの教えである。

視野が狭いのは老人の印
福徳が少ないのは私生児の印
気前が小さいのは金持ちの印である。
これが三つの小さいものの教えである。

ラマはお布施を喜び
権力者はおべっかを喜び
娘は恋人を喜ぶ。
これが三つの喜びの教えである。

悪人は信者を嫌い
金持ちは浪費家を嫌い
妻は夫の浮気を嫌う。
これが三つの嫌いの教えである。

功徳のあるラマを崇め
ご加護を授かるイダムを崇め
霊験のある護法尊を崇める。
これが三つの崇めるものの教えである。

慈悲心のないラマは崇めず
戒律を守らない僧侶は崇めず
犬、カラス、女は崇めない。
これが三つの崇めないものの教えである。

戒律を持つ人は安らかで行いが良く
菩提心を持つ人は我欲がなく
真言を持つ人は智慧と方便とを兼ね備えている。
これが三つの持つ人の教えである。

飢えた者は足るを知ることがなく
世間のことわりに従う者は神を崇めることがなく
放浪者には規律がない。
これが三つのないものの教えである。

〔そもそも〕本当のことを言わない人は争うことがなく
誓約を持たない人はラマを崇めることがなく
勇気のない人は将軍になることはない。
これが三つのすることがないの教えである。

手が硬いのは金持ちの印
考えが硬いのは老人の印
膣が硬いのは尼僧の印
これが三つの硬いことの教えである。

口上手は人の中に入り
寺の財産は僧侶の口に入り
陰茎は娘の膣に入る。
これが三つの入ることの教えである。

菩提心は羊毛より柔らかく
我欲の強い人の話も柔らかく
娘の太腿は絹より柔らかい。
これが三つの柔らかいものの教えである。

誓約を持たない僧侶の裾着は薄く
独り身の女の上着は薄く
痩せた土地の草は薄い。
これが三つの薄いものの教えである。

ドゥクパ・クンレーは女に飽きず
女たちは陰茎に飽きず
僧侶たちは財宝に飽きない。
これが三つの飽きないものの教えである。

聡明な者にもラマは要り
灯明は明るくても油が要り
自明なことも教えが要る。
これが三つの要ることの教えである」

また

「信者のいないラマ、努力しない弟子、〔命令を〕聴く人のいない指揮官、求愛者のいない娘、使用人のいない主人、食べるもののない金持ち、野良仕事をしない農民、家畜のいない放牧民、規律のない僧侶、教えを受けていない坊主、色情狂の尼僧、勃たない男、〔女が〕体で稼ぐ富、目合いたいのに恥じらう娘。これらはすべて笑止ものだ」

さらには

「陰核はきれいな三角形をしているが
土地神様の供物には適さない。
膣液は陽に当たっても乾かないが
渇きを癒《いや》すお茶には適さない。
陰茎は柄《え》が太くて先端が大きいが
釘を打つ金槌には適さない。
人間の娘は見栄えは良くても
閻魔の嫁には適さない。
頭が良くて信心があっても
在家のままでは実践はできない。
教えは深くてありがたいけれど
修行しなければ解脱は得られない。
私ドゥクパ・クンレーは解脱の道を示すけれど
その道はあなた方自身が歩まねばならない」

この法話に、集まっていた者全員が喜び、涙し、笑った。ドゥクパ・クンレーに信心を抱かない者は一人もおらず、皆が喜び、泣きながら去って行った。以前から彼の威光と利益は大きかったが、こうした話がブータンの津々浦々に広まり、貴賤、老若、男女、聖俗を問わず誰もが彼を知り、信じ、教えを受けることになった。

## 三　クンサンリンの妖怪退治

それからドゥクパ・クンレーはシャーのクンサンリンにお着きになった。村人たちは

「今晩ドゥクパ・クンレーと村の妖怪を出合わせるようにしよう」

と申し合わせた。そして誰一人宿を提供せず

「村はずれの廃墟にお泊まりください。食事は私たちがお持ちします」

と言った。

ドゥクパ・クンレーがそこに泊まり、夜半になると九つのコブがある妖怪が現れて、飛び乗ってきた。そこでドゥクパ・クンレーは智慧の金剛から燃え盛る炎を発射し、

妖怪の尻を焼いたので、妖怪は退散した。今でもケン・オゲンタク岩の辺りには焼けた肉の匂いが漂っている。
またクンサンリンにはかつて八十世帯があったが、〔ドゥクパ・クンレーを歓迎しなかったがゆえに〕今では四世帯しかない。

## 四　キュンセ小町ギェルゾム

それからドゥクパ・クンレーがクンサンリンからキュンセの杉林を眺められると、ギェルゾムが尻を振り振り踊っているのが見えた。そこで、こう歌われた。

「シャのクンサンリンから眺めると
キュンセの杉林で
女神のように尻を振り振り踊るのは
ギェルゾムのようだ。
今日の昼には

ドゥクパ・クンレーが到着する。
甘露《かんろ》の酒を水牛のパランに入れておけ。
睦まじく語り明かそう」

それからキュンセのギェルゾムの家に着いて
「ギェルゾムはいるか」
とお尋ねになると、ギェルゾムは
「私ですが。今水汲みに出かけますので、中に入ってお待ちください」
と答えた。すると
「水を汲みに行く必要はない。すぐに膣から水が出るので十分だ」
とおっしゃって、敷居を跨《また》ぐなりギェルゾムを寝かせ、事に及ばれた。それが終わってから、ギェルゾムがお茶を入れた。ドゥクパ・クンレーが暇乞《いとまご》いをすると、ギェルゾムが
「私とずっと一緒にいてください」
とお願いした。ドゥクパ・クンレーは

「ここに居残るわけにはいかない。そなたには陰毛がないので九晩、膣液がないので九晩、体臭がないので九晩、といったように、思い出すたびに九晩ずつ戻ってこよう」

と言い残して、去って行かれた。

ギェルゾムはパランにアラ[4]を入れて、ドゥクパ・クンレーを追いかけ、ある丘にたどり着いた。ドゥクパ・クンレーが

「この丘はなんという名前か」

とお訊ねになったので、ギェルゾムは

「パンユガンです」

と答えた。すると今度は

「向こうの村はなんという名前か」

とお訊ねになったので

「ロクタン・キャモです」

と答えた。そこでドゥクパ・クンレーは

「そなたが悲しみ〔＝パン〕ながら帰っていく〔＝ロク〕兆しだ。酒を注げ」

とおっしゃって、召し上がられた。そして
「シャの娘たちは歌上手で知られているが、一つ歌ってくれ」
とおっしゃったので、ギェルゾムはこう歌った。

「あなた様は諸国を遊行する修行者、娘ギェルゾムの歌をお聴きください。
冬の荒野は白色《キャ》ですが、それよりドゥクパ・クンレーは薄情者。
ロクタン・キャモは白色ですが、それよりドゥクパ・クンレーは薄情者。
鷲は飛ぼうと思っても、羽は業の風まかせで、思い通りに飛べません。
キュンセのギェルゾムは永遠の伴侶が欲しくても、思い通りにならなくて、悲しく
待つしかありません。出会いもつかの間、別れの身、哀れな境遇です」

ドゥクパ・クンレーの返歌。

「キュンセの小町ギェルゾムよ
ドゥクパ・クンレーの歌を聴け。

雪山から流れ出た清流の流れにもまして
ギェルゾムの心《ロ》は悶《コル》える。
渓谷を流れる奔流にもまして
ギェルゾムの心は悶える。
溢れ出る膣液にもまして
ギェルゾムの心は悶える。
ギェルゾムは悶え悶えて帰路につき
私は悲しみ悲しんで旅に出る」

そう歌いながら去って行かれたので、今もこの地は「心《ロ》悶《コル》える地」と呼ばれている。

## 五　シャ小町クンサンモ

それからドゥクパ・クンレーはシャのギェルリン・ニシャルの尼僧アナンダラの家に赴き、酒を飲み、女たちと口づけし、喜びの歌を歌い、たわいもないことを話し合っておられた。するとシャ小町クンサンモが、お米から作った美味しい酒⑤を差し出し、こう歌った。

「チベットから来られた修行者ドゥクパ・クンレー様、お聴きください。
悲しい娘の歌をお聴きください。
私は哀れな戸口の敷居みたいです。
二本の柱木に抑えられ、どこにも行けません。
ここにいればいるで、犬、豚に踏みつけられます。
ここに残しておかずに、上《かみ》ツァンのラルンにお連れください。
お堂の柱となって、仏の位に達したく思います。
私は鍛冶屋の哀れな鉄敷《かなしき》みたいです。
ハサミに摑まれ、どこにも行けません。
ここにいればいるで、金槌で叩かれます。
ここに残しておかずに、上ツァンのラルンにお連れください。
お堂の扉の金具となって、仏の位に達したく思います。

私はシャの哀れな女クンサンモです。
恩義のある父母のために、どこにも行けません。
ここにいればいるで、悪い夫に叩かれます。
ここに残しておかずに、クンレー様と一緒にお連れください。
今生、この身で、仏の位に達したく思います」

ドゥクパ・クンレーの返歌。

「シャ小町クンサンモよ聴け。
空を巡る陽には、四方は自ずと見渡せて
クンレーには、諸国を回るのに女の伴侶は必要ない。
ブータンの森に生えた功徳のある大木は
悪業深い樵《きこり》の斧に切り倒されない。
お堂の柱になるよりは、葉の生い茂った木立の方がいい。
戸口の敷居は、石で作ればいい。

功徳のある鉄は、腕のいい鍛冶屋の手に渡る。
お堂の扉の金具になるよりは、乞食僧《こつじきそう》の錫杖《しゃくじょう》と鉢の方がいい。
鍛冶屋の焦がれた鉄敷となって苦しむ必要はない。
鍛冶屋の鉄敷は、木や石で作ればいい。

ギェルリン・ニシャルに生まれた功徳のある娘は
牡牛のような夫に虐げられる必要はない。
私と絆を結ぶよりは、瞑想に励む方がいい。
父母の面倒は、嫁に任せるがいい」

それを聞いたクンサンモには篤い信心が生まれ、仰せの通りにすると誓約したので、ラマは彼女に心身両面の手ほどきをお授けになった。パロのチュメプクが正真正銘の瞑想所となることを予言し、彼女をそこに派遣された。彼女はそこで三年間瞑想に励んだ結果、ラマのご加護と彼女自身の尊崇《そんすう》の念により、虹の体を成就した。

## 六　オチェ小町ゲキ・ペルモ

それからドゥクパ・クンレーはベナのオチェにお着きになって、日も暮れかかったので、今晩はどこに泊まろうかとお考えになっていた。するとゲキ・ペルモが水を汲みに行くのに出くわし

「娘よ、今晩泊めてもらえないか」

とお尋ねになった。すると娘は

「ドゥクパ・クンレー様、宿を提供する人はいないでしょう。なぜなら、あなた様は第一に宿を求め、第二に宿の女主人を抱き、第三に誰彼となく下世話な話をなさいます。今晩はお酒もありませんので、お泊めできません」

と断った。ラマは

「酒はなくても構わない」

とおっしゃって中にお入りになった。ゲキ・ペルモがお茶を差し出すと、それを手にお取りになり

「オン・アー・フン。このお茶にはお茶の匂いもないし、バター[6]の匂いもどこにもない。こんなお茶を飲む者などどこにいようか。壁に染み込むがいい」

とおっしゃって、壁に放りつけられた。

ゲキ・ペルモは微笑みながら立ち上がり、ドゥクパ・クンレーの手を取って
「あなたには世間的な品位もないし、仏法のかけらもありません。あなたを泊める者などどこにいましょうか。外で寝てください」

と言いながら追い出しかけたが、欲情に負けて追い出せなかった。

その夜、ラマが彼女の布団に入り込むと、彼女は寝ているふりをした。ドゥクパ・クンレーは一物を彼女の膣に挿入したが、彼女は感じないふりをした。そこでラマは一物を納め、去ろうとなさった。すると彼女は、両手でラマの腰を掴んで離さなかった。ラマは去ることができず、やむなく事に及ばれた。

その翌朝ラマは村の人たちが集まっているところで
「ゲキ・ペルモは欲情に悶えているのに寝たふりをし、私が去ろうとすると、捕らえて離さなかった」

とおっしゃって、立ち去られた。

## 七　ゴポ・ラマの母を浄土に送る

それからドゥクパ・クンレーはゴポ・ラマに招かれて、ゴポにお着きになった。ゴポ・ラマが
「昨年亡くなった私の母のために回向《えこう》をお願いします」
と言うと
「そなたの母は下手の岩の中にいる」
とおっしゃった。そして
「岩よ、母と一緒にここに来い」
と命じられると、岩は転がって上がってきた。刀で岩を割ってみると、中から親指ほどの大きさのカエルが出てきた。それを指差して
「老婆よ、極楽浄土に行け」
と命じられると、カエルの額から赤い阿字が現れ、西方の虚空に消えていくのを誰もが目の当たりにした。この岩は現在でもお堂の壁際にある。

## 八　ペレ・ラ峠から引き返す

それからドゥクパ・クンレーはペレ・ラ峠に着き、さらに東に進んで、トンサ地方を経てケン[7]地方に行き、土地の悪霊を退治しようとお考えになった。道で大きな荷物を担いだ老人に出会い

「何を運んでいるのか」

とお尋ねになると

「大麦です」

と答えた。ラマはそこから東に行く予言がないのを思い出されて

「ここから下りていくと、どういう村に着くのか」

とお尋ねになると

「ルクブジです」

との返事であった。さらにその先はとお尋ねになると、チェンデブジ、タンセブジと続いた。するとラマは

「ジ、ジ、ジと三つも『男根』⑧が続く土地には行かない」
とおっしゃり、引き返してキュンセ小町ギェルゾムの許に行くことにされた。

## 九　キュンセ小町ギェルゾムの許に戻る

ギェルゾムは美味しい酒を用意して出迎え、次のように歌った。

「チベットからのドゥクパ・クンレー様
あなたはご尊顔が素晴らしいばかりでなく
ご威光も素晴らしい。
舞い上がる涼風に、何か実体があるのでしょうか。
流れ落ちるツァンポ川に、何か障碍があるのでしょうか。
クンレー様には、何か思いがあるのでしょうか」

ドゥクパ・クンレーの返歌。

「キュンセ小町ギェルゾムよ
そなたは見目麗しいだけでなく
下の技も巧みである。
舞い上がる涼風に、何も実体がないというならば
空飛ぶ鷲は何に乗って飛ぶのか。
流れ落ちるツァンポ川に、何も障碍がないというならば
突き当たる山とか岩は何なのか。
私クンレーには、思いがないというならば
キュンセ小町ギェルゾムを目にしたときのこの強い思いは何なのか」

## 一〇　一本足の鶏の起源

そうおっしゃって、出発しようとなさると、ギェルゾムが
「食事を召し上がってください。肉がありませんから、卵をお召し上がりください」

と言った。

ドゥクパ・クンレーは

「卵よりは雌鶏《めんどり》の方がいい。雌鶏を持って来い」

とおっしゃった。ギェルゾムが雌鶏を持って来ると、包丁で首を刎《は》ねてから

「油炒《あぶらいた》めにしてくれ」

とおっしゃった。その通りに調理すると、それを召し上がられてから、雌鶏の骨ガラに対して指を鳴らし

「雌鶏よ、立ち上がれ」

とおっしゃった。雌鶏は即座に立ち上がったが、片方の足がなかった。

「鍋の中を見なさい」

とおっしゃったので、ギェルゾムが見てみると、足が残っていた。ドゥクパ・クンレーは

「この鳥を家の中に置いておくと兆しが悪い。下手の川べりに捨てなさい」

とおっしゃったので、ギェルゾムはそうした。

今でもこの川べりの鶏は一本足だということである。

## 一一　パンユル・ゴンパの聖なる岩清水

それからドゥクパ・クンレーはパンユル・ゴンパに赴きになった。するとその村の人たちが
「私たちはサキャ派の信者です。今年は夏になっても土地が乾いたままで水がありません。清水が湧くようにしてください」
と嘆願した。
ドゥクパ・クンレーは
「わかった。明日の朝、一番鶏が鳴くとき、谷の上手に登って、水が流れる音を真似なさい」
とおっしゃった。翌朝村長がその通りにして
「チョロロ、チョチョロ」
と言いながら戻ってきた。するとドゥクパ・クンレーは
「何たることだ。シャラシャラ、ドンドン、と言わなかったから、水はほんの少し

しか湧いてこない」

とおっしゃった。ところが村長は

「土地は高くなり〔＝シャル〕ませんし、法螺貝《ほらがい》の⑼〔ドンドンという〕音は耳障りです。ですから、これで結構です」

と言った。するとドゥクパ・クンレーは

「それならこの清水は、夏冬なくいつもこのままにしておこう」

とおっしゃった。

その結果この清水は、今でも夏も大きくならず、冬も小さくならない。

## 一二　プナカ・ゾン建立の予言と上ゴン小町サンモ・アゾム

それからドゥクパ・クンレーはテ地方が見渡せるドムパ・ラ峠にお着きになり、象が鼻を伸ばしたように突出したところに、将来ドゥク派の大本山となるゾン〔城塞兼僧院〕が建立されることを予言された。

それから上《かみ》ゴン小町サンモ・アゾムに会いに行くときが来たとお考えになり、そちらに向かわれた。その途中ダンのワンカにお着きになったとき、一人の老人の臨終の間際に出くわし、彼の魂を冥土《めいど》に送り届けになった[10]。
そこから見上げると、ゴンのユサル仏塔《チョルテン》のもとでサンモ・アゾムが腰を振り振り踊っているのが見えた。そこでドゥクパ・クンレーはこう歌いかけになった。

「ダンのワンカから見上げれば
ゴンのユサル仏塔のもとで
腰を振り振り踊る女神の姿をした女は
サンモ・アゾムではなかろうか。
八日の夜半に修行者クンレーがやってくる。
美味しい米の酒を用意し
妙《たえ》なる音色のベルを鳴らし
優しい音のシンバルを鳴らし
美しい声で歌を歌っておくれ。

しばしの逢瀬《おうせ》を楽しもう。
オン・マニペメ・フン」

夜明け前に着いて、サンモ・アゾムの家の戸を叩くと、サンモ・アゾムは着物の帯を締めないまま戸を開けた。

「サンモ・アゾムは準備して待っていたのか。準備ができているのなら、私もそうだ」

とおっしゃって、彼女を戸口に寝かせ、事に及ばれた。それから中に入って酒を召し上がりになり、この上なく楽しいときを過ごされ、幾泊かされた。旅立ちの準備をなさると、サンモ・アゾムはずっと滞在してくださるようにと嘆願した。するとドゥクパ・クンレーは

「サンモ・アゾムよ、そなたの膣の締まり具合を鑑《かんが》みて九晩、褥《しとね》での技巧を鑑みて九晩、心情の良さを鑑みて九晩、思い出すたびに九晩ずつ戻ってこよう」

とおっしゃって、旅立たれた。

## 一三　ディムタンの夫婦とその子孫の繁栄

それからドゥクパ・クンレーがディムタンから下っていくとテプ氏の一組の夫婦にお会いになった。夫婦は
「あなた様はご威徳の偉大な修行者とのことですから、ぜひ私どもの家にお立ち寄りください」
と願い出た。ドゥクパ・クンレーが
「酒はあるか」
とお尋ねになると
「五升あります」
と答えた。そして
「私たちには五人子供が生まれましたが、生きながらえませんでした。今また一人生まれましたが、彼にご加護をくださいますように」
と嘆願した。

「子供を見せなさい」

と言われて、夫婦は子供を差し出した。ドゥクパ・クンレーはその子が人間ではなく、魔物であることをお見抜きになり、かつてサムエ寺で〔したのと同じように〕[11]その子供を川に投げ捨てられた。夫婦は最初はやむにやまれず泣き崩れたが、ラマを信じ

「私たちにまた子供が授かりますか」

と伺いを立てた。するとドゥクパ・クンレーは

「二人は夫婦の営みに絶え間なく励め。そうすれば来年子供が生まれ、それから子孫が繁栄するだろう。子供はペル・タシと名付けよ」

と言い残して、旅立たれた。

現在のディムタンのテプ氏は、この夫婦の子孫であると言われている。

## 一四　魔女ロンロン・デュモの再退治

それからドゥクパ・クンレーはロベサのパチャン小町ナムカ・ドンマに会う頃合いが来たとお考えになり、お出かけになった。その途中、魔女ロンロン・デュモが嫉妬

し、刃向かおうとした。谷全体を両足で跨《また》ぎ、乳房を虚空に逆立たせ、髪を大地に垂れ、膣を大きく広げて次のように歌った。

「丘を下る乞食修行者よ
お前は高僧の弟子か、それとも悪魔の変化《へんげ》か
むだ話好きの瘋狂聖か、のたれ死にする放浪者か
それともドゥクパ・クンレーにも見える。
今日お前はどこから来たのか。ここから逃れる術はない。
心にラマを思い浮かべ、口では馬にお祈りせよ」

魔女は恐ろしい血相をして現れ、川の水を逆流させた。そこでドゥクパ・クンレーは、右手で陰茎の根元を摑んで怒り立たせ、左手で魔女の乳房を摑んで、こう歌った。

「私は百獣の王である雪獅子、三技を備え、トルコ石色のたてがみを持ち、高い雪山の上で恐れることはない。

私は南のジャングルの牝虎、技に優れ、体には模様があり、他の猛獣に恐れることはない。

私は西のマパム・ユツォ湖⑫の魚の女王、玉虫色の鱗《うろこ》を持ち、風に波立つ水に恐れることはない。

私はチベットのドゥクパ・クンレー、四つの喜びに溢れ、魔女そなたの膣に恐れることはない。

護法尊として調伏《ちょうぶく》された魔女ロンロン・デュモ⑬よ、去年のある晩の夜半に、そなたは私に命を託し、私はそなたをお堂の護法尊に任じた。それなのに今、恥じらいもなく〔元の姿に〕変化して現れた。私は今日トクメタンから来て、今晩はロニョン・ゴンパに行くが、今は瞑想に耽っているところだ。そなた自身が痛い目に遭いたくないのなら、これからは人に害をなすではない」

とおっしゃって、躊躇《ちゅうちょ》することなく馬に跨がり、拍車を当てて駆け寄られたので、魔女は大きな岩の中に消え入った。ラマは岩に自らの金剛を突き刺し

「護法尊として調伏された魔女ロンロン・デュモよ、衆生に害をなすではない。衆

生を害する気持ちを抱いたならば、私が岩を破砕したようにお前を調伏しよう」とおっしゃって、金剛で岩を突き破られたので、岩は小さな破片となって飛び散った。その破片は、現在でもロンロン川の川べりに散らばっている。

そのとき突如として、大きな声でこう言うのが聞こえた。

「心の征服者ドゥクパ・クンレー様、私はあなたに捨てられた魔物の女です。あなたが人間の女を抱かれたので、私は嫉妬しましたが、今はそれを悔いています。どうか私を憐れみ、お許しください」

声の主は魔女ロンロン・デュモで、川の中から悲しげな姿を見せ、お米の酒の入った水牛のパランを持ち、捧げ物を差し出した。以後は衆生にけっして害をなさないと心から誓ったので、ゾンブキと名付けられた。彼女は現在でもチメ・ラカン堂の守り神である。

## 一五　パチャン小町ナムカ・ドンマとの法縁と身縁

それからドゥクパ・クンレーはロベサのパチャンに行き、ナムカ・ドンマの家の戸口で休みながら、彼女が現れるのをお待ちになった。彼女は窓からドゥクパ・クンレーを目にするなり、今までの障碍が消え去り、強い信心が生まれ、次のように歌った。

「そこにお座りのご威光のある乞食者は
法主ドゥクパ・クンレー様ではございませんか。

しばし私、小娘の歌をお聴きください。

虚空の太陽は、東西南北どこに登ろうと、日の当たらぬ陰はありません。

ここにいらしておいでなのですから、身に付ける物もない小娘に、優しく温もりを与えてください。

法と財の主人であるあなた様は、どこにおいでになっても、財にお困りにはならないでしょう。

今はここにおいでなのですから、貧乏な私に、財をお授けください。

法主ドゥクパ・クンレー様は、諸国をお回りになり、誰彼の区別なく利益を施されます。この家にお越しになったのですから、伴侶のいない小娘私に、最上の至福をお授けください」

ドゥクパ・クンレーは彼女が聡明で、教えを受ける素質のあることを見抜き、次のような歌をお返しになった。


「虚空の太陽である私が、東西南北どこに登ろうと、日の当たらぬ陰がないというのは確かである。

しかし北に面した洞窟の中にまで温もりをもたらすことはできない。

身に纏うものがないというのなら、東に面した洞窟に住め。

法と財の主人である私は、どこにいても、財に困らないというのは確かである。

しかし布施によって功徳を積まない者に、この力を与えることはできない。

貧しいなら貧しいなりに、持てるもののすべてを布施せよ。

修行者ドゥクパ・クンレーは、諸国を遊行して利他をなすというのは確かである。

しかし信心のない者に加護を授けることはできない。

今生で仏になりたければ、信心と尊崇を持て」

それを聞いてパチャン小町ナムカ・ドンマは、美味しいお茶、酒、食べ物を差し出し、ラマを家の中に招き入れた。ラマが
「ナムカ・ドンマよ　そなたは見目麗しく、惚《ほ》れ惚《ぼ》れするが、夫はいないのか」
と尋ねると、ナムカ・ドンマは
「いません。まだおぼこです」
と答えた。ラマは
「それはそれは、喜ばしいことだ。私がゆっくり挿入初《そうにゅうぞめ》をして進ぜよう」
とおっしゃり、酒を召し上がりながら中に入られた。絨毯《じゅうたん》の上にお座りになる前に
「私がこの絨毯の座初式《すわりぞめしき》をすることにしよう」
とおっしゃると、彼女は戸を閉めて
「痛くはありませんか」
と尋ねた。そこでラマは
「バターがあるなら持ってきなさい」
とおっしゃると、ナムカ・ドンマはバターを持ってきた。ラマはそれを自分の陰茎に塗り、事に及ばれた。

「痛くなかったか」と問われると

「痛かったのか、気持ち良かったのかわかりません。今まで感じたことのない痛いようで気持ち良いものでした」

「何を考えていたのか」

「何も考えられませんでした。ただただ痛いようで気持ち良いばかりでした」

「それが至上の喜びだ」

それから数晩にわたって、ラマは彼女に「隠れ穴の至福」を始めとする深い教えの真髄を余すところなく伝授された。そして、彼女を瞑想修行のためにベユー・ペマコ⑭に行くように命じられ

「来年戻ってくる」

と言い残して、旅立たれた。

## 一六　ネニンの悪魔退治

それからドゥクパ・クンレーはガセロに行こうとお考えになり、その途中で、重い荷物を背負った老婆と出会った。ラマが
「何を担いでいるのか」
とお尋ねになると、老婆は
「ツァンパです」
と答えた。ラマはガセロに行く予言がないことを考慮され、老婆に
「ここから下ったところはなんという村か」
とお尋ねになった。すると老婆は、テオカ、それから先にはマシカ、チャンゲカ、さらにはカテカ、カメカと「カ」が付く村の名前を列挙した。ラマは
「カが多い〔＝口うるさい〕⑮地方には行かない」
とおっしゃって、引き返された。
それからネニン・ルンパにお着きになると、一人の老人が堰《せき》を積み上げていた。ドゥクパ・クンレーはその老人が今晩魔物に喰われる運命にあることを察知し
「何をしているのか」
と語りかけられた。老人は

「堰を積み上げている。見てわからないかい」

と答えた。ラマが

「今晩ここに残るのか」

と問われると

「そうだ。登ったり降りたりするのは、疲れるから」

ラマが

「酒はあるか」

とお尋ねになると

「仕事ができる奴には酒を持ってきて、振る舞ってやる」

と答えた。

「私にできない仕事などない。お前は酒を取りに行け」

とおっしゃったので、老人は家に酒を取りに行き、ラマはそこにお残りになった。

夜半になると、その土地の魔女が現れ、寝ているドゥクパ・クンレーの足を引きずろうとした。ラマは立ち上がり、智慧の金剛から燃え盛る炎を噴射したので、魔女は谷の上手に逃げて行った。ラマがそれを追いかけ、魔女は逃げ場がなくなり、大きな岩の中に消え入った。ラマは魔女がこの世の終わりまでそこから出られないよう柵《さく》を張り巡らし戻って行かれた。

翌日老人が酒を持って戻ってみると、ラマの神通力で老人が作ろうと思っていた堰が出来あがっていた。老人は驚いて、酒を差し出して

「ラマ様、あなた様は普通の人ではありません。私に災いをもたらす魔物ではありません」

と言った。そこでラマは

「昨晩お前がここに残っていたら、お前に災いが降りかかっただろう。この土地の魔女は、谷の上手の岩の中に閉じ込めておいた」

とおっしゃったので、老人には絶大な信心が湧き

「仏様が間近にいらしたのに私は気が付きませんでした。命を救ってくださったのも知りませんでした。神通力で堰を作ってくださったのも知りませんでした。無知のすべてをお許しください」

と言って、礼拝した。

こうしてドゥクパ・クンレーは、老人の命を救い、神通力で堰を築き上げ、仏法に

お導きになった。この堰のおかげで生計が成り立ったので、老人は修行に専念できた。これもドゥクパ・クンレー様がなさった、大きな衆生利益の一つである。

## 一七　バベサ小町サンモ・チョゾム

それからドゥクパ・クンレーはバベサ小町サンモ・チョゾムに出会う時期が来たとお考えになり、ニン・ラ峠を越えてバベサにお着きになった。サンモ・チョゾムが水を汲みに行くのに出会い
「酒はあるか。一晩泊めてもらいたい」
とおっしゃると
「酒はあります。どうぞ」
と返事され、家に赴かれた。サンモ・チョゾムは、お茶、酒、その他おもてなしの品々を差し出した。ラマが「もっと酒を持って来い」とおっしゃたので、パラン一筒のアラを持ってきた。それを半分ほど召し上がられてから
「サンモ・チョゾムよ、修行者は酒が回り、陰茎も勃起したみたいだ。そなたはお

ぼこか」
とお尋ねになると
「そうです」
と答えた。ラマが
「素直に答えなさい」
とおっしゃると
「実は去年チャンレガンのコゴクのシタル・ペンジョルという者が、私が眠っていて気が付かないあいだに、陰茎を私の膣の中に一回挿入しました。これは目合《まぐわ》ったことになるのでしょうか」
と訊いたので、ラマはこうおっしゃった。
「バベサ小町サンモ・チョゾムよ、聴くがよい。そなたは、自分はおぼこだと言う。しかしながら、去年チャンレガンのコゴクのシタル・ペンジョルという者が、自分の膣の中に陰茎を一回挿入したとも言う。彼の陰茎が、そなたの膣に入ったことを、目合いと言わないとすれば、口づけ、乳繰《ちちく》り合《あ》いなどもそうではないというのか。そなたが目合ったにせよ、目合わなかったにせよ、私は人のお手つきは要らない」

とおっしゃった。するとチョゾムは、ラマの前に跪《ひざまず》いてこう歌った。


「修行者のあなた様、お怒りにならないで私の歌を聴いてください。

虚空の月は、羅睺《らごう》星に蝕《しょく》されまいとしても、蝕されます。

しかしながらしばしの間陰っても、すぐに煌々と輝きます。

庭の花は、霜を被るまいとしても、被ります。

しかしながらしばらく枯れても、すぐに咲き誇ります。

宿業のある小娘である私も、コゴクのような男に惹《ひ》かれたことはありませんが、抵抗するすべもなく、知らないうちに犯されました。

しかし今では清い体です。修行者であるあなた様は、私を汚れた娘と見なさないで、私を抱いてください」


と嘆願した。それに対して、ラマは次のように歌い返した。

「虚空の月は、羅睺星に蝕されまいとしても、蝕されるのは確かである。

意思に反して蝕されても、月は再び輝きを取り戻す。庭の花は、霜を被るまいとしても、被るのは確かである。枯れたところで、花は再び咲き誇る。宿業があり、良家の小娘であるそなたが、コゴクのような男に惹かれたことがないのは確かである。抵抗するすべもなく犯されても、これからそういう目に遭うことはない」

そこでサンモ・チョゾムが

「では我が身を水で清めて、香を焚《た》き染《し》めて、あなた様に捧げます」

と言うと、ラマは

「おお、そうするがいい」

とおっしゃった。サンモ・チョゾムは全身を洗い清め、香を焚き染め、戻ってきた。ラマが彼女と営みを始めると、子供が一人やって来た。サンモ・チョゾムが慌てて

「子供が入ってきました」

と言うと、ラマは

『今は営みをするときではない』と言ったのに、そなたは聞かなかった。今となっては子供がいようが、営みを止めるわけにはいかない」
と言って、そのままお続けになった。子供がさらに大勢の人を連れてきたので、サンモ・チョゾムが
「大勢の人が来ました」
と言うと、ラマは
「人が大勢来ようと、魔物が大勢来ようと、営みは止めない」
とおっしゃって、お続けになった。見ている者たちが
「この二人は恥も外聞もなく、こんなことをしている。見るがいい」
と言ったので、ラマは
「母親と目合っているのではない。何が恥ずかしいことがあろうか。営みの仕方を知らなければ、そなたたちもこうするがいい」
とおっしゃって、お続けになった。サンモ・チョゾムは恥ずかしさのあまり、宿世からの業の障りが清められ、ラマのご加護により祝福された。

## 一八　チャダナに戻る

それからンガワン・チョギェルが大本山ラルン寺からブータンにお越しになるとお聞きになり、会いに向かわれた。その途中我が子ンガワン・テンジン⑯とその母ノルゾムを思い出されて、ドチュ・ラ峠を越えてチャダナにお着きになった。そこで談笑を楽しまれ、子孫が繁栄することになった。

(1)　ティンプの西側の山腹一体の地名。下ティンプ谷の守り神のお堂がある。

(2)　ブータンの国獣に指定されている。写真参照。

(3)　チベットの経典は、大半がインドのサンスクリット語からの翻訳であり、冒頭に原語であるサンスクリット語のタイトルが記され、それに続いて翻訳語であるチベット語のタイトルが併記され

ている。信者が「インド語の原題のあるもの」とことわっているのは、経典と同じく、仏教本来の正統な教えが聴きたいという意思表示であろう。ここから、当時のチベット僧たちの教えが、本来の仏教から逸脱していたことが窺える。

(4) 焼酎のような蒸留酒。

(5) ブータンの普通の酒(チャン)は大麦、トウモロコシなどで作られる。米から作ったチャンは稀で上等である。

(6) ブータンで一般的なのはバター茶である。

(7) トンサの南、シェムガンからモンガルに跨がる地域。

(8) 「ジ」は、地名の末尾に現れる場合にはこれといった意味はないが、異綴りで発音が近く「男根」意味する「ジェ」という言葉を連想させる。

(9) フジツガイ科巻貝の大きなものの殻頂に穴をあけ、口金を付けて、吹き鳴らすようにしたもの。日本では主に山伏が用いる。

(10) 原語ではポワという儀式。臨終の際に、その人の魂を体から呼び出し、新たな生へ導くこと。

(11) 本書では割愛したチベットでの事蹟の一つ。サムエ寺のペブダ夫妻の赤子が、実は犬の化け物であることを見抜き、川に投げ捨てた話。

(12) カイラス山の近くにある聖なる湖。

(13)　三章一三節の魔女のこと。この魔女は既に調伏されたが、再び土着神に戻って仏教に敵対するようになった。そうした場合には、再度調伏する必要があり、その次第がここで述べられている。

(14)　ベユーは、字義通りには「隠蔽《いんぺい》された国」。パドマサンバヴァ(グル・リンポチェ)に祝福された場所で、彼の仏国土であるサンド・ペルリ(銅色に輝く吉祥の山)への秘密の入り口と見なされている。チベット仏教圏の各地にあるが、その中でもチベットとインドのアルナチャル・プラデシュ州の境に位置するペマコは著名である。

(15)　「カ」は地名の末尾に付く接尾辞であるが、「口」も意味する。口うるさい村人といった意味合いを含めて、それが嫌だという暗示であろう。

(16)　原文にはツェワン・テンジン(一五七四—一六四三)とあるが、彼はドゥクパ・クンレーの孫であり、年代的に不可能である。ドゥクパ・クンレーが会いに行ったのは、彼自身の子供ンガワン・テンジン(一五二〇—一五九〇)とその母ノルゾム(＝ペルサン・ブティ)であろう。三章一〇節参照。

# 五章　西ブータンでの事蹟（三）

## 一　ジリガンで聖水を授ける

それからドゥクパ・クンレーはテ地方の中心で、象が鼻を伸ばしたように突出した頂にあり、今日ジリガンと呼ばれるところにお着きになった。そこにはチベットの上ツァン地方のラルン寺から、ブータンの信者に招かれてンガワン・チョギェル大僧正がおいでになった。ドゥクパ・クンレーは彼らに歓待され、挨拶を交わし、歓談したりされた。

ドゥクパ・クンレーは、再従兄弟《はとこ》に当たるンガワン・チョギェル大僧正と親しくお話しされたあと

「明日あなたが説法し灌頂《かんじょう》を授けられるときに、私は聖水を授けるために来ます。今日は愛し娘《いとご》サンモ・アゾムのところに泊まります」

とおっしゃって、暇乞いされた。

翌日大勢の信者が集まり、大僧正が長寿の灌頂を授けるために玉座に上り、聖水を授ける準備をされていた。そこにドゥクパ・クンレーが、上半身にはドルゴンを羽織り、下半身にはアンダルを履き、弓矢と盾を身につけ、左右には俊敏な猟犬と、着飾ったサンモ・アゾムを伴って現れたので、群衆は驚いて見入った。ドゥクパ・クンレーがおっしゃった。

「私が聖水を授けるので、瓶は必要ない。全員目を閉じて、手を差し出し、聖水を受けなさい」

右手で智慧の金剛を摑み、御小水《おしょうすい》を一滴ずつ全員の掌の中央に授けてゆかれた。中には「ラマに帰依します」と言いながら飲み干し、いい香りを感じた者もいた。中には「これは聖水ではない。小水だ」と言い、吐き出して手を拭《ふ》く者もいた。飲み干した者は一人残らずご利益を授かったが、逆に吐き出した者たちからは、福が去った。今日ジリガンが水不足なのは、このせいだと言われている。

## 二　ジリガンでの説法

ンガワン・チョギェル大僧正が灌頂を授けておられるあいだに、ドゥクパ・クンレーはサンモ・アゾムを伴って群衆の中に陣取り、口づけ、乳繰り合いを続け、傍若無人にお振る舞いになった。そこでシタル・ギェルポという男が立ち上がり

「あなた様がなさっていることは、夜誰も見ていないところですることです。かといって、あなた様が何をなさろうと、私たちはやましい気持ちを抱きませんし、信心は厚くなるばかりです。今日ここに集まった者たちに、何か一つでもありがたい教えをお授けください」

と言った。それに答えて、ドゥクパ・クンレーはこうお歌いになった。

「やあやあ、オン・マニペメ・フン。

世間ではドゥクパ・クンレーは瘋狂と言われている。瘋狂にはすべてが仏道である。

世間ではドゥクパ・クンレーの一物は大きいと言われている。大きい一物は娘には

心地良い。

世間ではドゥクパ・クンレーは性欲が強いと言われている。強い性欲は子孫を繁栄させる。

世間ではドゥクパ・クンレーの尻は締まっていると言われている。締まった尻は輪廻の苦しみを短くする。

世間ではドゥクパ・クンレーの血液は赤いと言われている。赤い血液はカンドマの群れを引き寄せる。

世間ではドゥクパ・クンレーは子供じみていると言われている。子供じみているから故郷への執着を捨てた。

世間ではドゥクパ・クンレーは男前と言われている。男前はブータンの女の心を惹きつける。

世間ではドゥクパ・クンレーは仏様と言われている。その通りで、私は無知という敵を打ち消し、智慧が増大した」

これを聞いた群衆には揺るぎない信心が生まれ、三々五々帰って行った。

## 三　カービ仏塔

その日の夜ドゥクパ・クンレーが、「私の子孫が、夏冬季節移動(1)するのに、夏は〔テインプの〕タンゴ僧院があるが、冬はどこにしたものだろう」と思案されていると、かなたに数千の亡霊が群れているのが見えた。即座に竈《かまど》から一本の燃え木を掴み、それをお投げになると、亡霊の群れの中心に命中し、亡霊が焼ける匂いが辺りに充満し、ンガワン・チョギェル大僧正もその匂いをお嗅ぎになった。ドゥクパ・クンレーは、それを〔将来夏の本山が建つ場所の〕お告げとお考えになって、神通力でその地に赴き、地鎮のために小さな仏塔を建立し、お戻りになった。この仏塔がカービ仏塔で、その基壇《きだん》からは燃え木の一部から芽生えて育った木が立っている。

## 四　上ゴンでの酒供養

その翌日ンガワン・チョギェル大僧正はドゥクパ・クンレーを呼びつけて

「そなたは離れていても私に迷惑をかける。昨晩は豚を焼いたような匂いを充満させた。もうここにいないように」

とおっしゃった。そこでドゥクパ・クンレーはこうお歌いになった。

「ご立腹なさらないで、私の歌をお聴きください。

昨晩私がここからかなたを眺めますと、亡霊が数千群がっていました。

まずはこの亡霊どもを調伏するために

さらには私の子孫の本山の建立地となる予言があるかどうかを確かめるためにしたことで

焼ける匂いがここまで充満したのはやむをえませんでした。

家の土台から見上げて梁《はり》に生えているキノコは、強風でも剥《は》がせません。

足元から見上げて膣についている陰核は、雄々しい陰茎でも剝がせません。

力持ちと英雄は東に、木からできた着物は南にあります。

母親と目合う男は西に、美味しいものは北にあります。

美味しい酒は桶《おけ》の中にあり、楽しみは臍《へそ》の下にあります」

ンガワン・チョギェル大僧正は

「私は上《かみ》ゴン地方に招かれているのでそちらに赴く。そなたはそちらの方角に向かおうとも、明日私の後を付いてこないように。信者に不信を抱かせたり、恥ずかしい思いをさせてはならない」

とおっしゃった。

翌日ドゥクパ・クンレーはンガワン・チョギェル大僧正の先を行くと、大勢の信者がお茶や酒をたくさん用意して集まっていた。

「ドゥクパ・クンレー様、大僧正はお越しになりますか」

と訊かれたので

「まもなくお着きになるだろう」

とお答えになり、大僧正用に設けられた玉座に座り、滑稽なしぐさで人々をお楽しませになった。そこに大僧正がお着きになり

「来ないようにと言っておいたのに、来たのか」

とおっしゃったので、ドゥクパ・クンレーは

「後から付いてくるな、とおっしゃったので、先に来ました」
とお答えになった。大僧正が
「そなたは、滑稽なしぐさなどせずに、まずは酒を奉納しなさい」
とお命じになった。そこでドゥクパ・クンレーはパランを手にしてこうお歌いになった。

「持金剛仏に捧げます。三界の輪廻が空《から》になりますように。
ティローパ②に捧げます。自性を理解できますように。
ナーローパに捧げます。先駆けとなる道が清まりますように。
マルパ翻訳官③に捧げます。すべての教えに通暁《つうぎょう》できますように。
ミラレパに捧げます。不自由ない身分に生まれますように。
ンガワン・チョギェル様に捧げます。故郷を捨てられますように。
論理学の教授たちに捧げます。論戦が上手くなりますように。
小さな寺の和尚たちに捧げます。我執やえこひいきが静まりますように。
瞑想者たちに捧げます。尼僧の尻骨が折れますように。

巷の娘たちに捧げます。お尻で生計が成り立ちますように。
ドゥクパ・クンレーに捧げます。陰茎の亀頭に財が貯《た》まりますように」

すると大僧正は
「そなたは酒を飲んだら、私の灌頂の場から立ち去りなさい」
とおっしゃった。それに対してドゥクパ・クンレーは
「その通りにいたします。あなた様は、灌頂を与え説法をして、あなたの馬の榴代《まぐさ》と、私の女郎代を稼いでください。私はサンモ・アゾムの家で楽しんでまいります」
とお答えになって、谷の上手に登って行かれた。

## 五　ンガワン・チョギェルとの神通力比べ

ンガワン・チョギェル大僧正は灌頂と説法をお続けになった。正午頃、谷の上手から犬の吠える声が聞こえてきたので人々は言った。
「今日私たちは大僧正をお招きして、ありがたい説法を聴いている。こんなときに、

鹿狩りをして悪業を積む輩がいる」
そのとき、猟犬に追われて逃げ回り、息を切らした一頭の鹿が現れ、大僧正の玉座の下に横たわった。人々は
「大僧正のご加護は偉大だ。鹿の命は救われた。これはめでたい兆しだ」
と言った。その直後、ドゥクパ・クンレーが矢を弓につがえてお現れになり
「鹿よ、お前は道を間違えて、この法要の場に紛れ込んだ。不届き者には、こうしてくれん」
とおっしゃって、鹿に矢を放って射殺された。集まっていた一同は度肝を抜かれ
「今日の法要の場で、とんでもないことをしてくれた」
と罵った。それには構わず、ドゥクパ・クンレーは鹿の頭を切り離し、皮を剝ぎ、肉を切り分け、広場の真ん中にお積みになった。火を起こして肉を焼き
「私は食べるが、あなたたちも食べなさい」
とおっしゃって、一人ひとりに肉を一切れずつお与えになった。
大僧正はその光景を横目で睨《にら》みながら、灌頂と法話をお続けになった。ドゥクパ・クンレーが食べ終わった鹿の骨を山積みにし、指をお鳴らしになると、鹿は元通りに

起き上がったので、誰もが信心を抱き、崇敬した。

すると大僧正は、自分が侮辱されたと思って、対抗心が起こった。そして

「ドゥクパ・クンレーよ、そなたは修行もしないで、酒と女遊びに明け暮れている。にもかかわらず、鹿を殺し、生き返らせることができたのは、前世の功徳が少しばかり残っているからだ。私のように、究極の成就を成し遂げたのなら、こうしてみるがよい」

とおっしゃり、外套《がいとう》、法衣を脱いで虚空に放り上げられると、日差しの上に浮いていたが、日差しが少し折れ曲がった。

ドゥクパ・クンレーはそれをお笑いになり

「大僧正のように、人目を気にしながら玉座に安住している傀儡《かいらい》には、それだけ出来れば大したものだ。でも、本当にやるなら、こうしてみろ」

とおっしゃって、鹿、猟犬、弓矢を虚空に放り上げられると、日差しの上に乗っても、日差しは少しも折れ曲がらず、真っすぐのままであった。

大僧正が

「そなたの鹿、猟犬、弓矢が乗っても、日差しが真っすぐなのに、私の外套と法衣

が乗っただけで日差しが折れ曲がるのはどうしてか」

とおっしゃったので、ドゥクパ・クンレーは

「大僧正と私の境地には違いがありません。しかし大僧正は浄財の蓄積ゆえに重くなっており、私は無財ゆえに軽いのです」

とおっしゃった。群衆には自ずからドゥクパ・クンレーに対する信心が湧き

「ドゥク派のラマは偉大である。ンガワン・チョギェルのご加護は偉大で、ドゥクパ・クンレーは双《なら》びない修行者である」

という名声がブータン中に、さらにはチベットのウ・ツァン地方にも隈《くま》なく広まった。

大僧正が

「時候は春になり、間もなく暑くなるので、揃ってチベットに帰ろう」

とおっしゃったが、ドゥクパ・クンレーは

「大僧正がお帰りになるとおっしゃるのなら、お好きにどうぞ。私は今しばらくブータンの娘たちの尻が恋しく存じます。でも渡り鳥の私も年老いましたので、長居はせずに、一年ほどで戻ります。それまでお待ちください」

とおっしゃり、しばし同行し、大僧正からご加護をお授かりになった。

ンガワン・チョギェル大僧正はパロを経由して、ラルン大本山にお戻りになった。

## 六　タオナの水不足

それからドゥクパ・クンレーはサンモ・アゾムのところにしばし宿泊された。ある日辺りをぶらっとしながら、サムディンカから登っていくと、大勢の人が灌漑《かんがい》用の樋《とい》を設置していた。ラマは「ここは水が乏しいのなら、水を掘り当ててやろう」とお考えになり

「水を引くには酒がいるが、酒はあるか」

とお尋ねになった。

「ない」

との答えだったので

「では私は今日はここに残る。明日酒を持ってきたら私が手伝おう」

とおっしゃった。人々はラマの真意がわからず

「あなたは、行くとおっしゃるのなら、どうぞ行ってください。残るとおっしゃる

のなら、どうぞ残ってください。私たちは今日は帰ります」

と言い残して、帰ってしまった。

ラマは、この地には水の予言がないとお考えになり
「水は雨水を頼りにするがいい」

とおっしゃった。現在でもタオナの地は水が乏しく、雨水が頼みである。

## 七　金の桶と清水

それからラマは、タオナのタシとナンガ・ラモの家に行かれた。タシは
「クンガ・レクパ様、我が家によくお越しくださいました。娘の婿殿としてお残りくださいませんか」
と言った。するとラマは
「婿になってもいいが、酒はあるか」
とお訊ねになったので、タシが
「七升あります」

と答えると
「あるだけ持って来い」

とおっしゃって、召し上がられた。

「今日の酒は格別に美味しい。酒代を弾もう」

とおっしゃって、酒桶を金の桶にお変えになり、授けられた。

またタシが家の大黒柱を取り替える準備をしていたので
「柱が必要なら、私が取り替えよう。私はいつも柱を立てている」(4)

とおっしゃり、人二人でも担げない大黒柱を神通力であっという間に難なくお取り替えになった。

さらには二人の家の傍らに清水を一つ湧き出るようになさった。この清水は今でも枯れずに湧き出ている。

それからドゥクパ・クンレーはユサル仏塔のサンモ・アゾムのところに滞在され、彼女に数々の教えを授けられた。

# 八　魚　堂

それからカワ・チャラから下って行かれると、数人の子供が魚を捕っていた。

「魚を一匹くれ」

とおっしゃると、子供たちは

「何もしないで立っていないで、自分で捕れ」

と答えた。子供たちが少し上手の黒い岩の辺りで魚を捕ろうとしたとき、龍魔が人喰い魚に化けて現れた。ドゥクパ・クンレーは子供たちの命を守るために

「龍魔よ、人喰い魚に化けたところで、私は怖くもない」

とおっしゃって、手で魚を摑み放り投げられたところ、岩に当たった。現在でもその岩には魚の跡が残っている。

するとき龍魔は本来の忿怒《ふんぬ》相《そう》を現し、襲いかかってきたので、ドゥクパ・クンレーは燃え盛る智慧の金剛を突き出された。すると龍魔は岩の中に消えた。そこでラマは龍魔に「これからは人や生き物に害をなしません」と誓約をさせ、子供たちに命じて小

さな仏塔を建てさせになった。のちになって、有志がここに小さなお堂を建てたが、それが現在魚堂と呼ばれているものである。

そこでドゥクパ・クンレーはこうお歌いになった。

「カワ・チャラは魚で生計を立てている。
小さな魚は放生《ほうじょう》し、大きな魚はすぐに殺せ」

それからカワ・ンゴシンにお着きになると、脱穀用の平らな石があったので、その歌を手でお刻みになった。そこに座っておられると、人の往来はあっても、言葉をかける人がなく、お悲しみになられて

「カワ・ンゴシンでは、止まっていても、行け、と言う人もなく
歩いていても、行くな、と言う人もいない。
気ままに旅するのがいい」

とおっしゃった。

## 九　ノルゾムとンガワン・テンジンとの最後の別れ

それからドゥクパ・クンレーは

「我が子ンガワン・テンジンと〔その母〕ノルゾム〔＝ペルサン・ブティ〕に会いに行こう」

とお考えになり、旅立たれた。

途中で多くの人が

「ドゥクパ・クンレー様、テ地方を後にして、何処に行かれますか」

と尋ねたので

「時は流れ春が巡り、シャクナゲの花が咲く頃となった。

極上の酒を飲む頃合いになった。

チベットの修行僧はチベットに戻る頃合いになった。

ノルゾムに会う頃合いになった」

とおっしゃって、テ地方のチャダナに赴かれ、〔ノルゾムと息子のンガワン・テンジンと一緒に〕おくつろぎになった。母子にいろいろと教えを授け、恙《つつが》ないようにと祈り、〔最後の〕別れの挨拶をして、チベットに向かうためティンプ方面にお行きになった。

## 一〇 チャンガンカのラマ・ペンジョル

それからチャンガンカの信者ラマ・ペンジョルが過ちを犯しそうなのを察知し、彼の許に赴かれた。彼には四人の妻がいたが、さらに美人の人妻ナンキゾムを奪い取ろうと目論んだ。そこで大勢の者が刀を手にして押しかけ、殺傷沙汰《さっしょうざた》になろうとしていた。ドゥクパ・クンレーはそこに割り入り、こうおっしゃった。

「この女のことで争うのは止めて、私の話を聴きなさい。ある本の中にある話だが、よく聴きなさい。

昔インドのナグロータという国にパラダという権力も富もある王様がいた。その臣下にバースという者とダースという者がいた。彼ら二人は、富も名声も互角で、マハーデーヴァ神⑤の前で友愛を誓い合った。
その後バースは美しい妻を娶った。ダースは『我々親友二人は、お互いに富も互角であると誓ったのに、〔バースだけ妻を娶ったのは〕誓約違反だ』と思い、バースを騙そうと計画した。そこで金貨千枚を預けに行った。
『友よ、私は商用で出かけるので、帰ってくるまでこの金貨を預かってほしい』
するとバースの妻は
『金貨を預かるのには証人が要ります』
と言い、正直さで知られたダラ仙人に証人となってもらい、ダースは商用に出かけて行った。
一年ほどしてダースは夜中に戻ってきて
『友よ、昨年預けた金貨を返してもらいに来た』
といったので、バースの妻が
『証人のダラ仙人に来てもらわねばなりません』
と言ったが、ダースは
『私の金貨を戻してもらうのに、証人など要らないではないか』

と言って、金貨を持ち去った。

それから六ヶ月ほどして、ダースは金貨を返してもらったのは自分ではないふりをして、馬一頭をお礼として連れてきて

『友よ、ご夫婦とも健康そうで何よりだ。私は商売がうまくいかなかった。以前預けた金を返してもらいたい』

と言った。そこでバースが答えた。

『友よ、何を言うんだ。金はお前が持ち帰ったので、もうないのに、二度渡すなんてできっこないではないか。そんなことを言わず、中に入って、お茶なり酒なり飲んで休んでいけ。友愛を誓った私たち二人の間には、お礼の馬など要らない』

ところがダースは

『金を返してもらえないというのに、お茶も酒も飲んでいられるか。金を返してくれ』

と騒ぎ立てた。そこでバースは

『友よ、どうしても争うというのなら、以前のダラ仙人に訊いてもいい』

と言って、仙人の許に行くことにした。すると仙人は

『金を預けた証拠はあるが、返した証拠はない』

と言うので、二人の友人は仙人と一緒に国王の裁可を仰ぐことになった。ダースと仙人の言い分が一致しているので、バースが嘘をついていることになった。そこで国王は

『バースよ、お前は他人の財を掠《かす》め取り、王と大臣たちを騙そうとしたばかりでなく、嘘偽りを言わない仙人の信用を傷つけた。友人の金貨の代償として、お前の美しい妻を友人に譲れ。その上お前には死罪を命ずる』

と言い渡し、家臣に命じて木材とタールを徴収し、その中にバースを放り込んで、四方から火をつけた。そこで美しい妻は

『友よ、私はあなたの妻にはなりません。預かった金の返済に関しては、あなたと私に科《とが》があります。何の落ち度もない私の夫は、死罪になりました。かつてあなたと友情の誓いを立てた夫のために、祈願をさせてください』

と言って、こう祈った。

『業の結果はどこまでも残り、聖人になっても障碍に出くわします。悪友を信じて身を滅ぼし、誓約破りに欺かれ、夫は焼かれて、私の目は涙で溢れています。亡き夫

のことを思わないなら、妻の私の心は偽物です』

そう言い終えると、妻は夫を焼いている火に飛び込んだ。今もインドやネパールで行われている、妻が夫の後を追って焼身するサティという風習はここから起こったと言われている。

こうして夫婦は亡くなった。ダースも、美しい人妻を手に入れることができない悲しみのあまり、しばらくして亡くなった。死後三人は閻魔大王の裁きを受け、バース夫妻は『故国のパラダ国王の子供として生まれるように』との命で故国に戻った。そして二人は国王の双子として生まれた。時を同じくしてダースは、王宮近くの豚飼いの子として生まれた。

王子と王女は非常に仲良く、見目麗《みめうるわ》しく育ったが、豚飼いの子供は、口がなかった。母親は『どうしたことだろう。この子は鼻も、耳も、目もあるのに、食べ物を食べる口がないので、他の人が食べるのを見ると、腹を空かせ、人の食べ物を手で叩き、鼻で匂いを嗅ぐ』と不思議がった。

そこにブッダが乞食《こつじき》に来られたので、母親は子供を抱えてブッダの前に差し出し、こう言った。

『ブッダよ、これは何の報いでしょうか』

するとブッダは

『王子、王女もここに連れてくるように』

とおっしゃった。三人が揃うと、ブッダは前世の因縁を詳しくお説きになった。すると三人は前世のことを思い出し、涙を流した。ことにダースは、自分の境遇が前世の報いであることに気付き、ブッダの足を摑んで泣きじゃくった。ブッダは、彼の髪を切り、ナンダという名前と在家信者の戒律をお授けになった。そしてツァンパを炒《い》る匂いで彼をお養いになり、のちにテルウェー・ワンポ⑥というブッダが現れるときに、彼自身もブッダになると予言された。

そしてブッダは、『これが人妻を奪い取る報いである』とおっしゃった」

ドゥクパ・クンレーがそうおっしゃると、ラマ・ペンジョルは人妻を奪い取るのを諦め

「ドゥクパ・クンレー様、あなたがおっしゃることで、真実ならざるものは一つとしてありません。私たちのために、ブータンに関する真実のお話をお聞かせくださ

い」

と願い出た。そこでドゥクパ・クンレーは、自らが身縁を持った女たちに関する次のような歌をお歌いになった。

「チベット、ラルンの修行僧は、出自が高貴で何になる、加護が大きくてこそである。

山に咲くシャクナゲは、色がきれいで何になる、蜜が甘くてこそである。

キュンセ小町ギェルゾムは、見目麗しくて何になる、腰の動きが滑らかでこそである。

上《かみ》ゴン小町サンモ・アゾムは、きれいどころで何になる、褥での技巧がうまくてこそである。

ニャモのペルゾム・ブティは、乳搾《ちちしぼ》りがうまくて何になる、口づけがうまくてこそである。

シャ地方(7)のギェルリン・ニシャル〔のクンサンモ〕(8)は、信心深くて何になる、酒造りがうまくてこそである。

ドゥンドゥンのギェルチョクとギェルゾムの二人は、身持ちがよくて何になる、度量が広くてこそである。

ブータンの高僧も僧侶たちも、ヨーグルトを飲んで何になる、美酒を飲んでこそである。

遊行者クンレーは、諸国を回って何になる、遊び相手の娘が多くいてこそである。

チャンガンカのラマ・ペンジョルは、女を五人も持とうとするのも愚かなのに、一人の女を争って何になる」


この歌を聞き、ラマ・ペンジョルには信心と尊崇の念が生まれたので、ドゥクパ・クンレーは有縁の衆生として良い教えをお授けになり、去って行かれた。

## 一一　ゴンツェガンの荒れ地

それからドゥクパ・クンレーはバベサ小町サンモ・チョゾムのところに数晩滞在されたのち、ツァルナに行こうと思われ

「サンモ・チョゾムよ、ここに残れ。私は出かけることにする。仏法の修行に励むように」

と言い残して、お出かけになった。その晩ワン地方のゴンツェガンにお着きになり、そこに僧院が建つ予言があるかどうかを見るために、お堂の下から

「ラマ・サンギェ」

とお呼びになった。すると堂守が

「サンギェ（＝仏）という名のラマ（＝師）はここにはいません」

と答えた。

「ツンパ・ダムチョ」

と呼んでも

「ダムチョ（＝正法）という名のツンパ（＝僧侶）はいません」

という答えで

「ニェルパ・ロンチョ」

と呼んでも、同じく

「ロンチョ（＝財宝）という名のニェルパ（＝出納係）はいません」

という返事だった。ラマは、ここには予言がないとお考えになり、去って行かれると、山の頂の氷河に至るまで、一頭のヤギが食べる草も生えておらず、山の谷底に至るまで、一匹の鳥が飲む水もなかった。また山の斜面には、お茶を沸かす〔薪となる〕木も生えていなかった。

「ないものづくし三つのこの土地は、堂守のお前が一人で住むがいい」

とおっしゃって、去ろうとなさったとき

「〔お堂の〕仏像に捧げる水もないのでは、あんまりだ」

とお思いになり、大地に指を突き刺して小さな清水が湧き出るようにされた。

## 一二　ツァルナのドンドゥプ・サンモ

それからドゥクパ・クンレーがツァルナにお着きになると、ほとんどの住民はワン地方に鉄の掘り出しに出かけており、宿が見つからなかった。するとドンドゥプ・サンモという信心深い女が来て

「遊行僧よ、私の家にお泊まりください」

と申し出た。ラマは
「酒はあるか。あるなら酒代を弾もう」
とおっしゃった。女が
「七升あります」
と答えたので、ラマは彼女の家に行き、酒を召し上がられた。そのとき
「あなたの家には、鉄の掘り出しに行っている者はいないか」
とお尋ねになると、女は
「二十三歳になる息子のツェリン・ワンギェルが出かけています」
と答えた。するとラマは
「甕《かめ》の中に向かって、息子の名前を呼びなさい」
とおっしゃった。母親がその通りにすると、息子は坑道の中で母親の声を耳にして
「何事だろう」
と思い、地表に出た。と同時に、坑道が落盤し二十九人が生き埋めになった。息子は
急いで家に戻り
「坑道にいるときに、お母さんの呼び声が聞こえたので、やってきました」

と言った。母親が
「仲間はどうした」
と尋ねたので、息子は
「仲間は全員生き埋めになりました」
と答えた。ラマは
「〔あなたが呼ばなかったら〕あなたの息子も生き埋めになっていただろう。あなたが私に宿を提供し、酒を振る舞ってくれた御礼だ」
とおっしゃった。母親は喜んで、酒はもちろん、馬や牛もいれば差し上げます、と厚く御礼し、ラマに深い信心を抱いた。

## 一三　パチャン小町ナムカ・ドンマとの再会

それからドゥクパ・クンレーはツァルナの上手に行き、パチャン小町ナムカ・ドンマの所在を尋ねられた。上手の洞窟の近くにいるとのことだったので、そこに赴かれると、彼女は深い瞑想に耽っていた。ラマが

「ナムカ・ドンマよ、どうしたのだ」

とお尋ねになった。すると彼女は即座に瞑想から覚め、ラマの御足を額にいただき、ブッダに対する以上の尊崇の念を抱いた。すると瞑想の域を超越して、無想の状態に達した。ラマのご加護と彼女の尊崇のおかげで、彼女はブッダと無二となった。それでラマは

「あと幾晩かしたら、光の体を成就するだろう」

と言い残して、立ち去られた。

それからしばらくして、一月の十五日満月の日に彼女は妙《たえ》なる調べと光に包まれ、解脱を得た。この洞窟では現在でも、吉日には仏法の妙なる調べが聞こえると言われている。

## 一四　チェディンカの惨事

それからドゥクパ・クンレーはチェレ・ラ峠⑨に向かわれて、現在チェディンカと呼ばれているところにお着きになった。大きな家の中で大勢の人が、干した蕪《かぶら》のスープ

を肉スープだと言って飲んでいた。ラマは「死魔がやってくる。私は立ち去るが、あなたがたも行かないか」とおっしゃったが、彼らは一顧だにせず居残った。ラマが立ち去られるやいなや、家は崩れ落ちて多くの人が亡くなった。

## 一五　サムテン・ツェモの法主の娘

それからドゥクパ・クンレーはチェレ・ラ峠にお向かいになり、サムテン・ツェモの法主ニマ・タクパの娘を教化する時期が来たとお考えになり、彼らのところに赴かれた。すると娘はすでに他の男のところに嫁いでおり、法主は〔正法ではなく、〕彼自身の教えを説いていた。ラマは、縁がなかったとお考えになり、こうお歌いになった。

「上手の素晴らしい放牧地には、千頭のヤクの中に恵まれたヤクは百頭しかいない。不運な雌ヤクは取引人の手に渡り、守銭奴の主人のもとを離れ、人間に食べられる悲しい運命にある。

下手の澄んだ川には、千匹の魚の中に恵まれた魚は百匹しかいない。不運な魚は漁師に捕らえられ、澄んだ川から引き離され、飢えた人に食べられる悲しい運命にある。

中間のブータンの森には、千羽の鳥の中に恵まれた鳥は百羽しかいない。不運な鳥は子供に捕らえられ、空に羽ばたくこともなく、無慈悲な子供の手遊びとなる悲しい運命にある。

ここブータンのパロには、千人中に恵まれた人は百人しかいない。不運な者は法主〔ニマ・タクパ〕の僧坊に入り、正法を聴くこともできず、ついには誤って誓願を破る悲しい運命にある」


それを聞いて、法主と彼の弟子たちは喜ばず、ラマをもてなしもしなかった。娘には予言がなかったので、ラマに目見《まみ》えることはなかった。

そこでドゥクパ・クンレーは、南のブータンでの教化活動はこれで終わったとお考えになり、チベットに戻ることをご決断になった。そして神通力で一瞬にして上ツァンのラルンにお戻りになった。

## 一六　ラルンに戻る

そこでンガワン・チョギェルにお会いになると「ドゥクパ・クンレーよ、世に『老いの身で諸国を遊行するものではない』というではないか。そなたはこれから一ヶ所に留まるがいい。私が生活の面倒を見よう。神々も守護尊たちも守ってくれ、何一つ不自由しないので、安心するがいい」と仰せになった。

ドゥクパ・クンレーはそのお言葉に従って、しばらくの間「白檀香庵《びゃくだんこうあん》」で瞑想に耽られた。

## 一七　最　期

しばらくしてナンカルツェの信者たちから招待を受けて出かけられたとき、ラマの右足に虹の光が差し込むのを誰もが目の当たりにした。ドゥクパ・クンレーはそれを末期が近づいた印とお考えになり、テルンのラムパル寺院の〔わが子〕シンキョン・ドゥクダ師の許に赴かれ、数晩滞在された。[10]

以上のように、衆生の守護者ドゥクパ・クンレーは、ウ、ツァン、〔西チベットの〕ンガリ、〔東チベットの〕アムド、カム、〔中央チベットの〕チャ、ダクポ、コンポ、ブータンなどで衆生教化をなさった。各地の住民を悩ませていた悪霊を退治し、水のないところに清水を湧かせ、財のない人々に財を与え、子供の生まれない夫婦に子供を授け、仏法が伝わっていなかったところに仏法を広め、仏道に入っていなかった人々に仏道を示すなど、言葉ではいい尽くすことができない事蹟をお残しになった。

かつて釈迦牟尼仏も衆生教化の方便として、足に棘《とげ》が刺さったことにより病にかかって〔他界された〕[11]ように、ドゥクパ・クンレーもこの世での衆生教化が終わったとお考えになり、病に倒れた様子を示された末、齢百十五歳の庚午《かのえうま》の年〔一五七〇年〕[12]の一月十五日満月の日にお亡くなりになった。師の行状は我々凡夫には計り知れないことで、この百十五歳というのも、世にそう伝えられているだけで、定かではない。正確なことは伝記にも記されていない。

そのとき冬にもかかわらず雷が鳴ったり、大地が揺れるなどの奇瑞《きずい》が数多く現れたが、ここでは紙幅の関係で述べられない。

仏法が長く流布するために、人の世に形見を残そうとお考えになり、遺灰で釈迦牟尼仏、観音菩薩、ターラー(13)、アティーシャ(14)、馬頭観音、デムチョ・コルロなどの鮮明な像をお残しになった。

またありがたい遺骨も数多くお残しになり、それらはテルンのラムパル寺院の大きな銀の棺に納めてあり、信者がお参りして、目の当たりにすることができる。その後、シャプドゥン・ンガワン・ナムギェル(15)がブータンに亡命されたとき、それらをお持ちになり、現在はブータンの中央僧院の宝物棺に安置してある、とのことである。

(1)　夏季と冬季で居住地を変えるのはブータンの伝統的生活パターンである。政府関係の役所ではこのパターンはなくなり、ティンプが恒久首都となったが、中央僧院は現在でも夏はティンプ、冬はプナカと季節移動している。このカービ仏塔が、現在のプナカ・ゾンの先ぶれである。

(2)　九八八―一〇六九年。インドのヨガ行者でナーローパの師。

(3)　一〇一二―一〇九七年。ナーローパのチベット人弟子で、カギュ派の開祖。ミラレパの師。
(4) 陰茎を勃起させることの暗喩。
(5) ヒンドゥー教の最高神の一つであるシヴァ神のこと。
(6) 未詳。
(7) 原文には「シュン」(中央)とあるが訂正。四章五節参照。
(8) 原文には明記されていないが補った。四章五節参照。
(9) パロとハの間の峠。
(10) 尼僧ツェワン・ペルゾムとの間にもうけた子供。一章七節参照。
(11) 一般的には、釈迦牟尼仏の直接の死因は、キノコによる食中毒とされる。
(12) 百十五歳という高齢で亡くなったという伝承がある。最新の研究では没年は一五二九年で七十四歳ということになる。
(13) チベット仏教の女尊の一つ。多羅と音写される。
(14) 九八二―一〇五四年。チベット仏教の再興に貢献したインドの学僧。
(15) 一五九四―一六五一年。ドゥク派の大僧正で、一六一六年にブータンに亡命し、ブータンをドゥク派の下に統一した。

# 結び

## 一　慶賀

ドゥクパ・クンレーという成就者は、血統は偉大で、法統は正しく、そのありがたくも慈愛に満ちた伝記は、師に目見え、教えを聴く〔のと同じ〕喜びを与えてくれる。

師の伝記を聴くことにより

上方の神々は、諸々の財宝が集積して喜び、下方の龍たちは、時節の雨が降って喜び、中間のツェンたちは、諸事が速やかに成就して、喜びの宴が開かれよ。

諸国は幸せに満ち、五穀豊穣で、喜びの宴が開かれよ。

魔物たちの障碍がなくなり、仲違《なかたが》いやいざこざが取り除かれ、喜びの宴が開かれよ。

若い娘の欲情が呼び覚まされ、喜びの宴が開かれよ。

若い男に勇猛心《ゆうみょうしん》が湧き、亀頭は角のように雄々しく勃ち、喜びの宴が開かれよ。

老いた女が悲しければ、膣に大根を入れて、喜びの宴が開かれよ。
若者たちが奮い立ち、思い通りに事が成就し、喜びの宴が開かれよ。
生き物の苦しみがなくなり、三界の一切衆生の喜びの宴が開かれよ。
諸事万端が成就し、一切衆生が仏果を得、喜びの宴が開かれよ。

## 二　吉　祥

ある人たちは、広大な神々の国が好き。
他の人たちは、龍の宝物が好き。
神好きも、龍好きも、ともに幸せであれ。
ある人たちは、幸せが好き。
他の人たちは、財宝が好き。
幸せ好きも、財宝好きも、ともに幸せであれ。
法主ンガワン・チョギェルは、馬が好き。
遊行者ドゥクパ・クンレーは、膣が好き。

馬好きも、膣好きも、ともに幸せであれ。
ニェネ・レクシェは、酒が好き。
ペルサン・ドルジェは、肉が好き。
酒好きも、肉好きも、ともに幸せであれ。
キョプキョプ・カレルは、博打が好き。
アシャン・キュンキャプは、歌が好き。
博打好きも、歌好きも、ともに幸せであれ。
バーレプ・ズンズンは、念仏が好き。
ドンドゥプ・ペルサンは、魚が好き。
念仏好きも、魚好きも、ともに幸せであれ。
アニ・アップは、寝るのが好き。
アパ・アキャプは、起きているのが好き。
寝るのが好きな者も、起きているのが好きな者も、ともに幸せであれ。
テ出身の在家ツェワンは、仏法が好き。
放蕩者の僧侶クンレーは、女が好き。

仏法好きも、女好きも、ともに幸せであれ。

ツンチュン・タシは、チベットが好き。

ツォンドゥ・サンモは、ブータンが好き。

チベット好きも、ブータン好きも、ともに幸せであれ。

雄々しい男は酒を飲み、身を着飾って、財を持つ。男たちに幸せあれ。

きれいな女は着飾って、美食を口にして、目合い目合い、子供を産む。女たちに幸せあれ。

仏法、聴聞、思慮、修行、師と弟子たちに幸せあれ。

修行の友〔僧〕、教えの道〔法〕、修行の果〔仏〕の三宝〔仏法僧〕に幸せあれ。

## 三　回　向

昔のことどもは、聖人のありがたい事蹟といえども、今語るとなれば、確証がなければ、すべては笑い草となる。

しかしながら、心の目を少しでも開けば、成就者ドゥクパ・クンレーの事蹟の甘露の水は、心に染み入るものである。

その甘露は、清らかな法螺貝に満ち溢れる程あるが、その精髄を、篤信の方々のために、ここに少しばかり書き記した次第である。

これは信心と崇敬の念のある方々には、喜びを生む贈り物となるだろう。このささやかな善業が、人々が智慧の大海に入る一因とならんことを。

# 解　説

今枝由郎

ドゥクパ・クンレー（一四五五―一五二九年）は、チベット、ブータンを中心に活躍した型破りの遊行僧である。チベット仏教の主要宗派の一つであるドゥク派の大本山ラルン寺の歴代座主を輩出したギャ氏の傍系に生まれた彼は、住まいを一ヶ所に定めず諸国を歩き回り、人の眉をひそめさせるような常軌を逸した行いを憚らず、「瘋狂《ニョンパ》」(smyon pa)と称された。瘋狂というのは、一般的な風狂、すなわち「風雅に徹する、精神的な平衡を失っている」といった意味ではなく、チベット・ブータン仏教においては、普通の宗教者のレベルを超えた、凡人の常識では計り知れない境地に達した聖人を指す。彼らは、戒律に囚われることなく、あえて社会規範に反した行いをし、それによって形骸化した既成教団を弾劾《だんがい》し、仏教の本質を思い起こさせようとする者である。

## チベット版木版伝記

彼の自伝に近い逸話集は、没後六十三年経った一五九二年にチベットのディウラで四巻本として木版開板された。しかし広く流布することはなく、チベットでも長い間稀覯本《きこうぼん》であり、ほとんど知られることはなかった。

これを最初に発見・研究し、紹介したのはパリのコレージュ・ド・フランスのスタン(R. A. Stein)教授であり、最初の ka 巻(分量的にはほぼ半分。他の三巻は伝記的要素は少なく、主として悟りの境地を表した証道歌的なもの)をチベット人学僧(ブータンに関する知識は乏しい)の協力を得てフランス語訳し、ユネスコの世界文学叢書の一巻として一九七二年に出版した。R. A. Stein, *Vie et chants de 'Brug-pa Kun-legs, le yogin, traduit du tibétain et annoté.* (Collection UNESCO d'œuvres représentatives). Paris: G. -P. Maisoneuve et Larose, 1972.

しかし、これも一般人の目に止まることはほとんどなかった。

四十年以上経った二〇一四年になって、ハーバード大学のモンソン(E. Monson)女史とブータン人ツェリン(C. Tshering)氏が、同じ部分を英語に共訳した。E. L. Monson, *More Than a Madman: The Divine Words of Drukpa Kunley. a translation of the autobiography of Drukpa Kunley.* Thimphu, 2014.

こうして、ドゥクパ・クンレーはチベット・ブータン仏教を代表する人物として学術的サークルでは認知されるようになった。

## ブータンでの口伝逸話

しかし本書は、こうした学術的な業績とは別に、庶民の間に伝わる庶民的なドゥクパ・クンレーを紹介するものである。彼の知名度が現在でも非常に高いのは、何よりも庶民の記憶の中に生きているからであり、口承が生きているからである。彼の生涯は全体としてはほとんど知られることはなく、一般民衆にとっては、彼は一連の逸話の主人公として語り継がれており、記憶されている。当然のこととして、地域ごとに、あるいは人によって、知られる逸話も、その数もまちまちであり、いつの間にか歴史上の人物というよりは、伝説的な物語の主人公的存在となっているのが現状である。

彼が生きた時代、チベット仏教の各宗派は世俗的な既成権力となり、勢力範囲拡大に鎬《しのぎ》を削り、本来の仏教教団の姿から堕落し、形骸化していた。そうした風潮の中で、彼は自らの出自である氏族教団ドゥク派をはじめとする既成教団の悪弊を厳しく弾劾した。

「世の宗派はおしなべて
当初は荘厳な七堂伽藍《しちどうがらん》を建立し
次第に信者のためよりは自らのために奔走し
最後は心の汚れを増大するばかりである」

という言葉は、当時のチベット仏教全体に当てはまるであろう。本書の中でドゥクパ・クンレーは、自らの再従兄弟《はとこ》に当たるドゥク派の第十四代大僧正であるンガワン・チョギェル(一四六五—一五四〇年)を既成教団の象徴として、時として辛辣に批判し、時として茶化している。そうした彼は、当時の仏教界に活を入れ、その天衣無縫な振る舞いで庶民から絶大な支持を得た。

ことにブータンにおいてそれが顕著であった。彼の没後一世紀ほどして十七世紀前半に、ドゥク派の座主シャプドゥン・ンガワン・ナムギェル(一五九六—一六五一年)はドゥク派を国教とする政教一致体制を打ち立て、チベットから政治的に独立した。それ以後ブータンは、ドゥク・ユーすなわち「ドゥク派の国」として知られるようになり、ブータン人はドゥク・パすなわち「ドゥク・ユーの住民」と呼ばれるようになった。これに伴って、元来「ドゥク派のクンレー師」の意味であったドゥクパ・クンレーは、「ブータンのクンレー師」と理解されるようになった。その結果、現代チベット人はドゥクパ・クンレーは、ドゥクパ(ブータン人)だと思い込んでいる。逆に現代のブータン人の大半は、彼が本来チベット人であったことすら忘れてしまっており、彼は今やブータンの国民的ヒーローであり、ブータン人なら誰でも彼にまつわる伝説を少なくとも一つや二つは知っている。

## ブータンでの逸話編纂出版

そうした中、ブータンでは彼にまつわる事蹟が語り継がれ、逸話が集められるようになった。ドゥクパ・クンレーの曽孫であるテンジン・ラプギェー(一六三五—一六九六年)は、ブータン建国の英主シャプドゥン・ンガワン・ナムギェルの実質上の後継者であるが、彼の孫であるツェワン・テンジン(一五七四—一六四三年)が、ドゥクパ・クンレーのブータンにおける事蹟・逸話を纏めたことが知られている。しかしその写本あるいは刊本が流布した形跡はない。その後も編纂の試みはいくつもなされたであろうが、書物として流布することはなく、ドゥクパ・クンレーが現在まで知られているのは、何よりも民衆によって語り継がれてきたからである。二十世紀後半に入り、普通教育が始まり、印刷・出版が一般化するにつれ、ドゥクパ・クンレーに関する出版物もいくつか現れた。その中で、現在最も流布しているのは、ブータンの第六十九代ジェ・ケンポ〔大僧正〕(チベット仏教で言えば「ダライ・ラマ」、カトリック教会で言えば「ローマ法王」に当たる。在位一九九〇―一九九六年)ゲンデュン・リンチェン(Dge 'dun rin chen 一九二六―一九九七年)が一九六六年に編纂した『衆生の守護者クンガ・レクパ法主の伝記、名付けて「大海真髄一目有義」』(*'Gro ba'i mgon po chos rje kun dga' legs pa'i rnam thar rgya mtsho'i snying po mthong ba don ldan*)である。これは、ツエワン・テンジンが纏めた資料や、巷に語り継がれている逸話などに基づいて編纂されたものである。初版は一九六六年に謄写版の私家版としてブータンの有識者の間に流布された。その後一九七一年に、改訂・決定版がインドのカリンポンにあるMani Printing Worksで伝統的な貝多羅葉《ばいたらよう》形式(縦七センチ×横三七センチ)の活字本で出版され(八二葉〔一―一六三頁〕、各頁横書き八行)、広く流布した。さらには二〇〇八年になって、ブータンの首都ティンプで活字・洋装本で再版された。

これはドゥクパ・クンレーの伝記として画期的なものであることは間違いない。しかし「伝記」と題されてはいるものの、ドゥクパ・クンレーの生涯を時系列的に追ったものではなく、あちこちに伝わる逸話の類を集成したもので、「逸話集」といったほうが当たっている。実際に庶民レベルでは、この作品は伝記として全体的に読まれることは少なく、その中に収められている数々の逸話が個々に、あるいは部分的に読まれ、語られることが多い。

そして重要なことは、ドゥクパ・クンレーは出自からしてチベット僧ではあるが、現時点では、チベット人の記憶からはほとんど姿を消してしまっているのに比して、ブータンにおいては国民的な人気を博していることである。さらに言語的には、ゲンデュン・リンチェンの手になる伝記は、地の文は古典チベット語で書かれてはいるものの、対話部分の多くはブータンの国語であるゾンカ語で書かれている。ゾンカ語は古典チベット語から派生したとはいえ、現段階では既に別の言語であり、チベット人には理解できない。それゆえに、この伝記はチベット語文学というよりは、ブータン文学・ゾンカ文学と見なすのがふさわしいであろう。

### 本訳書

本訳書は全訳ではなく、原著の約四割に当たるチベットに関する部分(二、三章の全部、四章のうち二話を除く全部、そして五章の大半)を割愛し、ドゥクパ・クンレーのブータンでの事蹟を中心としたものにしたが、それは以上のような背景・性格を考慮してのことである。それゆえにこの訳書は『ドゥクパ・クンレー　ブータン逸話集』と名付けた方が適切かもしれない。

### 他言語への翻訳

またこの伝記は、一九八〇年にドーマン(K. Dowman)とペンジョル(S. Paljor)によって『瘋狂聖。ドゥクパ・クンレーの至高な生涯と歌』(*The Devine Madman. The Sublime Life and Songs of Drukpa Kunley.* London: Rider & Co.)のタイトルで英語に全訳され、英語圏では広く読まれるようになった。この英訳は現在に至るまで版を重ねるとともに、フランス語、ドイツ語(一九八二年)、スペイン語(一九八八年)、ルーマニア語(二〇〇六年)にも重訳され、今やドゥクパ・クンレーは世界的に知られる人物になっている。

## ブータン人の聖と性

日本人読者にとって、本書で最も衝撃的なのは、大胆な、そのものズバリの女性器叙述があったり、瘋狂とはいえ僧侶である主人公が、数々の女性信者と性的交渉を持つことであろう。ややもすればショッキングな、猥褻文学としか見なされかねない。しかもその編纂者が、カトリック教会ではローマ法王に当たる、ブータン仏教界の最高位ジェ・ケンポ大僧正であるとなれば、驚きはなおさらであろう。

日本ではかつて、チベット仏教を俗にラマ教と呼び、堕落した淫祠邪教《いんしじゃきょう》と見なす傾向があり、日本仏教史上で左道密教と呼ばれた立川流と比較・同一視された。この傾向は今では弱くなったとはいえ、完全に消え去ったわけではないだろう。その大きな理由の一つは、チベット仏教で祀られるヤブ・ユムと呼ばれる男女合体尊が、文字通り男女の肉体的交合を表していると見なされ、チベット仏教では実際に男女の性交が修行の一部として実践されているという誤解からである。しかし、ヤブ（父）とユム（母）は智慧と方便という大乗仏教の中心的要素を表し、その合体像はその二つを兼ね備えることの必須性を象徴しているにすぎない。そして修行として性交が行われることは決してないし、チベット仏教の信者がヤプ・ユム像を、人間の男女の目合《まぐわ》いを意味していると理解することは決してない。

編者自身、この伝記のそうした側面、誤解されやすい点をよく理解していて、冒頭に、「この物語を読む資格のある人」と銘打って、

「以下の物語は
恥ずかしがり屋が読めば、顔から汗が流れ
信心深い人が読めば、目から涙が流れ
無知な人が読めば、口からよだれが垂れ
色欲の強い女が読めば、膣から膣液が溢れ
誤った信心を持つ者が読めば、三悪趣に堕ちる。
それゆえに、物事の是非がわからず、仏の深い御教えに信心のない人、自らを制することができない人たちはお読みにならないように。
そうした人たちが読むと、仏の御教えの本質である智慧と方便の深い結合を、陰茎と膣の結合という下世話な話と誤解し、仏法を誤って受け取りかねません。

それゆえに読まれる方は、ごろ寝して敬意を欠いたり、下世話な話のように笑いこけたり、疑ったり、勘ぐったり、居眠りしたりしてはいけません。襟を正して読み、物語を楽しまれますように」

と警告している。

日本人読者にも当てはまることであり、字面だけから猥褻と誤解されることがないことを願うばかりである。

ブータン人は伝統的に性に対して大らかであり、男女関係は自由奔放で、日本の万葉時代に通じるものがある。ことわざにも

「喜びは臍の下にあり
不和も不幸もまたそこにある」

とあり、性を一概に否定することはない。本書の中でドゥクパ・クンレーは

「テ出身の在家ツェワンは、仏法が好き。
放蕩者の僧侶クンレーは、女が好き。
仏法好きも、女好きも、ともに幸せであれ」

と歌っているが、これはブータン人の気質・考え方を余すところなく伝えている。

## 六世ダライ・ラマに流れるブータンの血

これと関連して思い出されるのが、ツァンヤン・ギャムツォ(一六八三―一七〇六年)こと六世ダライ・ラマである。彼は歴代ダライ・ラマの中で具足戒を返上し、還俗《げんぞく》した唯一の例である。

「我が御教《みおし》えのラマ僧は
観想すれども現れず
かの清楚なる愛し娘《いとご》は
思わざれども心離れず」

(『ダライ・ラマ六世 恋愛彷徨詩集』今枝由郎訳、トランスビュー、二〇〇七年、一三頁。訳文は一部改めた)

と歌った彼は、夜な夜なポタラ宮殿から抜け出し、女遊びに興じたと伝えられる。

この型破りで、およそダライ・ラマには似つかわしくないダライ・ラマは、現在に至るまで最も庶民から慕われている。その彼は、実はブータン人の血を引いた唯一のダライ・ラマであり、その奔放性、性に対する大らかさは、ここに由来するのかもしれない。いずれにせよチベット・ブータンの仏教には、こうした大らかさがある。

## 一休和尚

ドゥクパ・クンレーに該当する僧侶を、強いて日本仏教史上で挙げるとすれば、時代的には半世紀ほど早いが、室町時代の臨済宗大徳寺の一休宗純(一三九四—一四八一年)であろう。彼は後小松天皇(在位一三八二—一四一二年)の落胤《らくいん》という高貴な身分であった点、ドゥク派の創建氏族であるギャ氏の傍系に生まれ、当時の大僧正であったンガワン・チョギェルの再従兄弟であったドゥクパ・クンレーと似ている。

一休は、何よりも利発な少年僧としての頓知話で知られている。しかし成人してからの彼は、形式主義に反抗し、汚れのないエロチシズムに生きた。当時の日本仏教は、金閣寺、銀閣寺などに象徴されるように、きらびやかで隆盛を誇っていたが、その反面飢饉や悪疫に苛《さいな》まれていた当時の民衆とはかけ離れていた。そんな中で一休宗純は女犯《にょぼん》、飲酒《おんじゅ》、肉食《にくじき》という僧侶としてあるまじき破戒行為、その他一見奇抜で風狂とされた言動をあえてした。彼の『狂雲集』を読めば、晩年の彼の破戒僧としての好色ぶりが如実に窺える。しかしこうした一連の行いはたわぶれごとではなく、あえて非道の形を取ることにより、暗に正法の何たるかを教えるための教化活動であった。けっして表面的に捉えられるべきものではなく、当時の仏教界の退廃を辛辣に批判・諷刺し、仏教の形骸化や風化に警鐘を鳴らしたものである。

代表的な一、二の話を紹介すると、あるとき地蔵菩薩の開眼供養《かいげんくよう》があり、一休は導師として招かれた。荘厳な空気に包まれ、一同固唾《かたず》を呑んで見守る中、一休はつかつか地蔵に歩み寄り、滝のような小便を仕掛けて、さっさとその場を立ち去った。

またあるとき、ある河原で一人の女が素っ裸になっていた。一休は目を背けるどころか、女に近付き陰門を三度丁重に拝み、立ち去った。そしてこう謳った。

　女をば法《のり》の御《み》くらといふぞげに釈迦も達磨もひよいひよいと産む

こうした点から、一休宗純はドゥクパ・クンレーに通じるものがある。チベット・ブータンと日本という地理的にも伝承的にも全く異なる二つの仏教圏で、ほぼ時を同じくして二人の瘋狂聖が出現したことは、偶然の一致とはいえ、興味深いことである。

### 日本仏教とブータン仏教の違い

最後に日本仏教とブータン仏教の違いを端的に物語る話を紹介しよう。

日本の田舎寺での話。若くて真面目でハンサムな僧侶が入門した。その修行態度も真面目で申し分なかった。檀家の女性の一人が彼に惹かれ、「あなた様と添い遂げられないのなら、わたしは自殺します」と恋文を認《したた》めた。青年僧はそれを真摯に受け止め、数日間迷った。還俗して結婚すれば、僧侶としての独身戒を犯すことになるが、逆に自分が独身戒を貫けば、檀家のうら若い女性は自らの命を絶つことになる。彼はそのジレンマに落ち、解決策を見出せなかった。そしてある朝夜明け前に寺を出て、近くを走る列車に飛び込み、自らの生を終えた。その後その若い女性がどうなったかはわからない。

ブータンの田舎寺の話。将来を見込まれ、師からも可愛いがられていた若い僧侶がいた。村の娘が彼のことが好きになり、結婚してくれなかったら自殺するといった。

青年僧はどうしたものか決断できず、師に相談した。すると師は、「僧侶として生きることだけが仏の道ではない。還俗し、幸せな夫婦になることも同じく仏の道である」と答えた。

どちらも僧侶が話題となっているが、どちらの僧侶が本来の僧侶にふさわしいのかは決められないであろう。はっきりしているのは、日本の僧侶は仏教の名の下に相手の女性の嘆願にも応じず、自らの命を絶ち、ブータンの僧は、相手の女性の希望に応え、幸せな夫婦として生きたということである。ここに、日本仏教とブータン仏教の本質的な違いの一面が見える気がする。

ブータンの瘋狂聖《ふうきょうひじり》　ドゥクパ・クンレー伝《でん》

2017 年 12 月 15 日　第 1 刷発行

編　者　ゲンデュン・リンチェン

訳　者　今枝由郎《いまえだよしろう》

発行者　岡本　厚

発行所　株式会社　岩波書店
〒101-8002 東京都千代田区一ツ橋 2-5-5
案内 03-5210-4000　営業部 03-5210-4111
文庫編集部 03-5210-4051
http://www.iwanami.co.jp/

印刷・三陽社　カバー・精興社　製本・中永製本

ISBN 978-4-00-333441-6　　Printed in Japan

# 読書子に寄す

――岩波文庫発刊に際して――

岩波茂雄

真理は万人によって求められることを自ら欲し、芸術は万人によって愛されることを自ら望む。かつては民を愚昧ならしめるために学芸が最も狭き堂宇に閉鎖されたことがあった。今や知識と美とを特権階級の独占より奪い返すことはつねに進取的なる民衆の切実なる要求である。岩波文庫はこの要求に応じそれに励まされて生まれた。それは生命ある不朽の書を少数者の書斎と研究室とより解放して街頭にくまなく立たしめ民衆に伍せしめるであろう。近時大量生産予約出版の流行を見る。その広告宣伝の狂態はしばらくおくも、後代にのこすと誇称する全集がその編集に万全の用意をなしたるか。千古の典籍の翻訳企図に敬虔の態度を欠かざりしか。さらに分売を許さず読者を繋縛して数十冊を強うるがごとき、はたしてその揚言する学芸解放のゆえんなりや。吾人は天下の名士の声に和してこれを推挙するに躊躇するものである。このときにあたって、岩波書店は自己の責務のいよいよ重大なるを思い、従来の方針の徹底を期するため、すでに十数年以前より志して来た計画を慎重審議この際断然実行することにした。吾人は範をかのレクラム文庫にとり、古今東西にわたって文芸・哲学・社会科学・自然科学等種類のいかんを問わず、いやしくも万人の必読すべき真に古典的価値ある書をきわめて簡易なる形式において逐次刊行し、あらゆる人間に須要なる生活向上の資料、生活批判の原理を提供せんと欲する。この文庫は予約出版の方法を排したるがゆえに、読者は自己の欲する時に自己の欲する書物を各個に自由に選択することができる。携帯に便にして価格の低きを最主とするがゆえに、外観を顧みざるも内容に至っては厳選最も力を尽くし、従来の岩波出版物の特色をますます発揮せしめようとする。この計画たるや世間の一時の投機的なるものと異なり、永遠の事業として吾人は微力を傾倒し、あらゆる犠牲を忍んで今後永久に継続発展せしめ、もって文庫の使命を遺憾なく果たさしめることを期する。芸術を愛し知識を求むる士の自ら進んでこの挙に参加し、希望と忠言とを寄せられることは吾人の熱望するところである。その性質上経済的には最も困難多きこの事業にあえて当たらんとする吾人の志を諒として、その達成のため世の読書子とのうるわしき共同を期待する。

昭和二年七月